I0449008

CRISTIAN PORCINO

" Sulla pena di morte. Da Beccaria ad oggi"

"Sulla pena di morte. Da Beccaria ad oggi" di Cristian Porcino © 2014

Proprietà letteraria riservata

I diritti di riproduzione e traduzione sono riservati.

Prima Edizione: ottobre 2010
Nuova Edizione: settembre 2014

ISBN: 978-1-326-00455-2

In copertina: Francesco Porcino, "The twins, the duel", 58x58 inches, olio su tela, 2002, New York.

" E anche questo vi dirò, benché la parola vi pesi sui cuori:
l'assassinato non è irresponsabile del proprio assassinio,
e il derubato non è senza colpa per il furto che ha subito.
E il giusto non è innocente delle azioni del malvagio,
e chi ha le mani candide non è immune dalle azioni del criminale.
Sì il colpevole è spesso vittima dell'offeso.
E ancora più spesso il condannato regge il fardello di chi è privo di colpa e di biasimo.
Voi non potete separare il giusto dall'ingiusto e il buono dal malvagio;
poiché essi stanno insieme al cospetto del Sole, come se il filo nero e il filo bianco fossero intessuti insieme.
E quando il filo nero si spezza, il tessitore rivedrà l'intera tela,
e dovrà esaminare anche il telaio.
Se qualcuno di voi volesse portare in giudizio una consorte infedele,
pesi sulla bilancia anche il cuore del marito, e ne misuri l'anima con le giuste misure.
E chi volesse frustrare l'offensore scruti lo
Spirito dell'offeso.
E se qualcuno di voi volesse, in nome della giustizia, abbattere con la scure l'albero guasto, ne osservi le radici;
e in verità scoprirà le radici del bene e quelle del male, quelle feconde e quelle sterili tutte insieme intrecciate nel cuore silenzioso della terra.
E voi, giudici che desiderate essere giusti, che giudizio
Pronunciate su chi, benché onesto nella carne, è ladro nello spirito?
Che pena infliggete a chi uccide nella carne,
ma è egli stesso ucciso nello spirito?

5

E come processate colui che con gli atti
Inganna e opprime,
eppure è egli stesso afflitto e oltraggiato?
E come punirete quelli il cui rimorso è già
Più grande dei loro misfatti?
Il rimorso non è forse la giustizia amministrata proprio da quella
Legge che vorreste volentieri servire?
Ma non potete imporre il rimorso
A un innocente, né strapparlo dal cuore del colpevole.
Inaspettato, esso chiamerà nella notte affinché gli uomini si
Sveglino e scrutino se stessi.
E voi che vorreste capire la giustizia, come potrete farlo, se non esaminate ogni
Fatto nella pienezza della luce?
Solo così saprete che l'eretto e il caduto sono un solo uomo che sta nel crepuscolo
Tra la notte del suo Io pigmeo e il giorno del suo Io
Divino.
La pietra angolare del tempio non è più
Alta della pietra più bassa delle sue fondamenta"

Khalil Gibran, *Il profeta*

Prefazione

"[...] *Sono profondamente convinto che potremo vincere le sfide del nostro tempo solo se troveremo una soluzione insieme, solo se porteremo a compimento l'unione, solo se comprenderemo che abbiamo origine diverse, ma le stesse speranze, che non siamo simili e non proveniamo dagli stessi luoghi, ma procediamo nella stessa direzione, verso un futuro migliore per i nostri figli e nipoti".* Con le parole incisive del presidente degli Stati Uniti d'America, Barack Obama, citate nel prologo dall'autore, vorrei presentare questo lavoro che denuncia l'inutile orrore prodotto dalla pena di morte e difende il valore inalienabile della persona umana. È proprio nei confronti dello Stato democratico americano e delle sue procedure giuridiche, apparentemente così moderne e progressiste, in cui ancora vige questo retaggio medievale della "legge del taglione", che Porcino lancia un netto atto d'accusa: *«ma quando si parla della più grande democrazia esistente, che esporta nel mondo modelli culturali ed economici non può essere accettata. Uno stato democratico che ha lottato per l'affermazione della dignità dell'uomo, non può tollerare l'esistenza di metodi punitivi di tale insensibilità e amoralità».*

7

Cristian Porcino, attraverso un attento studio e un'approfondita lettura dei documenti che trattano l'argomento sulla pena capitale, inserisce l'opera all'interno di un quadro sociale, storico e filosofico ben presentato. Il libro, con la sua carica di verità, scuote il lettore dal torpore quasi cinico in cui è precipitato a causa della spettacolarizzazione della morte offerta dai *mass media*. Ognuno di noi deve conoscere le proprie responsabilità civili e politiche; abbiamo il dovere di informarci, di capire e poi di renderci protagonisti attivi dell'impegno, affinché in tutto il mondo siano garantiti i diritti degli uomini e in modo incondizionato il diritto alla vita. Dopo il razionalismo illuministico, è con grande pena nel cuore che si è ancora costretti a scrivere contro la pena di morte e contro i meccanismi oscuri che muovono gli Stati e le loro leggi. Il dibattito sulla pena di morte è, purtroppo, ben lontano dall'essersi esaurito, soprattutto, all'interno delle società contemporanee ricche e avanzate, nelle quali il dibattito è di estrema attualità. La pena di morte è una spia della barbarie presente in una società, ce ne siamo resi conto negli ultimi tempi, con l'instaurarsi di un clima di guerra. Gli orrori di morte e violenza, che la guerra e il terrorismo portano inevitabilmente con sé, provocano un abbassamento del valore della vita e del rispetto per la dignità della persona. "Sulla pena di morte. Da Beccaria ad oggi", strutturato in tre capitoli, si apre con l'analisi del periodo storico in cui visse l'illuminista milanese Cesare Beccaria, autore nel 1764 del saggio "Dei delitti e delle pene" a cui è dedicato, invece, il secondo capitolo. Con il suo monito, l'illuminista è stato anticipatore di una forte ondata di cambiamenti. Infatti, il saggio stupisce proprio per la sua modernità ed è a lui che dobbiamo molti dei principi civili a cui siamo abituati. Cesare Beccaria esamina con estrema lucidità un certo numero di reati e le loro rispettive pene e si rivolge spesso ai benefattori dell'umanità (i sovrani illuministi): è loro, infatti, il compito di assicurare al popolo un governo più giusto. Partendo dal contratto sociale, prosegue parlando dell'origine e dello scopo delle pene, le quali non sono una punizione, ma un allontanamento dalla società a scopo rieducativo. Affronta, inoltre, temi attualissimi come l'interpretazione arbitraria delle leggi, la pena di morte, e la prontezza della pena. Secondo l'autore la legge deve essere chiara, non deve aver bisogno di interpreti che la rigirano a proprio favore. La pena di morte è ingiusta in quanto immorale e antieducativa perché non si può insegnare a un popolo a ripudiare l'omicidio, se lo Stato stesso ne fa uso. Che essa sia un'atrocità inutile, è dimostrato dal fatto che non contribuisce a rendere migliore il reo. San Tommaso, per esempio considerava le pene come i "medicinali", che devono aiutare gli uomini a guarire. E nessuno, neppure lo Stato, può prescrivere "medicinali" che, invece di guarire, sopprimono l'uomo. L'imperativo – comandamento - «non uccidere!», nella pratica quotidiana e all'interno della società civile è, e deve essere categorico e visto come principio che ha valore assoluto.

Nel terzo capitolo, seguito da una raccolta di saggi e articoli che evidenziano la disumanità del carnefice verso la sua vittima, vengono esaminati svariati casi sulla pena di morte, da quelli di blasfemia e stregoneria frequenti nell'età medievale fino a giungere alle atrocità dei nostri giorni. Purtroppo, l'uso della pena di morte, atroce eredità di età barbariche, permane ancora in molti Paesi del mondo, anche in Paesi di grande civiltà, come, appunto, gli Stati Uniti d'America, ecc, ecc.

A volte sembra che l'uso della violenza sugli altri, fino alla tortura e alla soppressione della vita, sia una sorta di male oscuro, di cancro dell'anima impossibile da evitare. Quando ci giunge la notizia di un delitto feroce, l'uccisione di un bambino, una strage di civili inermi o comunque l'omicidio volontario di una vittima innocente, la nostra prima reazione è emotiva: avvertiamo un impulso di vendetta, un odio profondo verso l'assassino che sfocia nell'intenso desiderio di vedere l'omicida morto. Tuttavia, esaminando la questione non alla luce dell'istinto, ma razionalmente, le nostre convinzioni vacillano. Non siamo più così sicuri che spetti a noi, intesi come collettività o Stato, disporre della morte di qualcuno, anche se si tratta del criminale più refrattario.

Il tema della pena di morte è un argomento caro a molti, me compresa. Il libero arbitrio e l'ignoranza, che purtroppo ancora oggi esiste, portano a gesti inconsulti o a cattive interpretazioni di parole o fatti. Eppure viviamo nel ventunesimo secolo e siamo costretti a scontrarci con una realtà lontana ma che allo stesso tempo ci riguarda da vicino: lapidazione, impiccagione, fucilazione, sedia elettrica, camera a gas, decapitazione... come si può al giorno d'oggi punire un essere umano con simili sistemi? E ogni qual volta si rilegge la storia antica e moderna sulle barbarie inferte all'uomo dall'uomo stesso, rimaniamo piccoli e impotenti e le emozioni che ci pervadono sono "ugualmente diverse". Certo, oggi in Italia possiamo vantarci di essere ben distanti da quei metodi, ma sappiamo che vengono trascurati degli elementi e spesso si rimette in libertà

11

un "individuo" dopo pochi giorni dall'arresto. In entrambi i casi non esiste alcuna possibilità di purificazione per le colpe commesse; così la pensava Beccaria quando parlava del reinserimento del reo nella società: il carcere diventa un modo per poter espiare le proprie colpe e per evitarne delle altre e sviluppa nell'individuo un desiderio di rinascita che deve essere impiegato per la vita in società. Basterebbe trovare una via di mezzo tra il decretare freddamente la messa a morte di qualcuno e chiudere gli occhi davanti ai fatti più clamorosi: l'espiazione delle colpe in carcere. In fondo sembra così semplice, invece, se ne parla da secoli e molte associazioni lottano per questo raggiungendo solo piccoli traguardi. Un'immagine è viva nella mia mente: un uomo che si è espresso sulla disumana applicazione della pena di morte, papa Giovanni Paolo II, che si affaccia dalla finestra per recitare il consueto *Angelus*.

Tiene tra le mani una colomba bianca che da lì a breve farà volare per augurare pace e libertà a tutto il mondo… oggi, dove è finito il simbolo della pace?

Viviana Cosentino
(giornalista)
12

INTRODUZIONE

"Tutti gli uomini sono stati creati uguali, che essi sono dotati dal loro Creatore di alcuni Diritti inalienabili, che fra questi sono la Vita, la Libertà e la ricerca delle Felicità. Che allo scopo di garantire questi diritti, sono creati fra gli uomini i Governi, i quali derivano i loro giusti poteri dal consenso dei governati. Che ogni qual volta una qualsiasi forma di Governo, tende a negare tali fini, è Diritto del Popolo modificarlo o distruggerlo, e creare un nuovo governo, che ponga le sue fondamenta su tali principi e organizzi i suoi poteri nella forma che al popolo sembri più idonea al raggiungimento della propria Sicurezza e Felicità."[1]

Queste parole che costituiscono il preambolo della dichiarazione d'indipendenza americana, risultano oggi giorno delle bellissime massime filosofiche mai messe in atto dal popolo americano. È evidente che il concetto di ricerca di felicità per ciascun uomo è incompatibile con l'uccisione

---

[1] *Dichiarazione d'indipendenza americana* 4 luglio del 1776

15

volontaria di chi si macchia di un reato. Sopratutto quando i padri fondatori dell'America affermavano che è diritto inalienabile del popolo, ribellarsi ad ogni diritto negato al singolo. Il popolo sovrano deve scegliere un governo giusto che sappia mettere in pratica i valori di uguaglianza fra gli uomini. Non bisogna di certo possedere una laurea in giurisprudenza per capire ciò. Difatti la motivazione che mi ha spinto ad occuparmi della pena di morte nel pensiero di Cesare Beccaria, consiste nell'aver osservato che nella stragrande maggioranza dei casi, *Dei Delitti e delle pene* è stato appannaggio esclusivo di studi legati all'ambito giuridico.

La riflessione morale che ha spinto Beccaria a scrivere il primo vero trattato sul rispetto della dignità dell'uomo è stato quasi sempre tralasciato perché affrontato da coloro i quali si occupano di "applicare" le leggi.

Fedele ad un ideale di fondo che vede ancora vive queste riflessioni, e poiché in alcuni paesi "civilizzati" permane ancora l'utilizzo della pena di morte come mezzo precipuo di purificazione sociale, ho sentito la necessità di ritornare alle illuminanti riflessioni di Beccaria.

Dei delitti e delle pene è sicuramente uno dei testi più importanti che ha contribuito alla nascita del diritto penale moderno.

Ancora oggi, quando ci si riferisce al saggio di Beccaria, si tende a minimizzarne il contenuto e a sottolineare solo e soltanto lo sfondo storico in cui fu concepito.

Se così fosse oggi non si potrebbe assistere in alcun modo ad episodi di simili barbarie; poiché prettamente "illuministi" .

Benché nell'opera di Beccaria si avvertono le influenze di Locke e del Contratto Sociale, *Dei delitti e delle pene* sancisce che ogni essere vivente non debba abdicare e di conseguenza cedere allo Stato il proprio diritto alla vita[2]. Chiaramente il concetto di tolleranza verso i crimini andava assumendo già allora toni di assoluto relativismo etico, tanto consoni al giorno d'oggi.

Beccaria aveva intuito che l'essere umano si trova di fronte ad un duello spietato e drammatico tra una filosofia della morte ed una filosofia della vita.

---

[2] "Nessun uomo ha fatto il dono gratuito di parte della propria libertà in vista del bene pubblico; questa chimera non esiste che ne' romanzi". C. Beccaria, *Dei delitti e delle pene*, Tascabili economici Newton, Roma 1994, p.21.

Ma soprattutto l'uomo si trova nel bel mezzo di un conflitto in cui tutti siamo coinvolti, poiché come diceva il filosofo Lévinas siamo portatori di un imprescindibile responsabilità verso l'altro. Una responsabilità che si richiama quasi ad una parentela spirituale, a tratti "religiosa"; proprio nel senso in cui la intendeva Indira Gandhi[3].

Quindi partendo da un'ampia riflessione filosofica sul secolo di Beccaria e sull'opera dello scrittore milanese si è giunti ad ampliare la prospettiva storica sino ai giorni nostri, e alla clamorosa esecuzione del dittatore iracheno Saddam Hussein e di quello libico il colonnello Muʿammar Gheddaffi. Nonostante nel dicembre 2007 il governo italiano guidato dal premier Romano Prodi si è fatto portavoce presso l'O.N.U. della moratoria per la pena di morte, con 104 voti favorevoli e ben altri contrari (54) e 29 astenuti; da quella data nulla è radicalmente cambiato. Si è riscontrato una lieve diminuzione

---

[3] A tal proposito è importante ricordare la celebre risposta che quest'ultima fornì alla domanda :*"Lei non è religiosa, vero?"* , *"Be'...dipende da ciò cui allude con la parola religione. Certo non frequento i templi e non prego gli dèi, o roba del genere. Ma se per religione intendiamo il credere nell'umanità anziché negli dèi, il tentar di rendere l'uomo migliore e un po' più felice, allora sì:sono molto religiosa[3]".* O. Fallaci, *Intervista con la storia*, Rizzoli, Milano 1974, pp. 172-173.

della percentuale di esecuzioni capitali. L'oriente ha votato quasi in blocco contro la moratoria denotando ancora una predilezione per l'assasinio di Stato. Fino a quando esisterà un solo Stato al mondo che ucciderà un uomo, sarà sempre un fallimento per l'intera comunità politica umana. È bene chiarire che non sono contrario alla pena di morte perché ritengo che non ci siano assassini e criminali che se la meritino, ma perché sono consapevole che la Legge non debba in alcun modo divenire strumento di morte.

Vorrei concludere questa introduzione con le parole pronunciate dal 44° presidente degli Stati Uniti d'America, Barack Obama il 18 marzo 2008, al Constitution Center di Philadelphia : *"... sono profondamente convinto che potremo vincere le sfide del nostro tempo solo se troveremo una soluzione insieme, solo se porteremo a compimento l'unione, solo se comprenderemo che abbiamo origine diverse, ma le stesse speranze, che non siamo simili e non proveniamo dagli stessi luoghi, ma procediamo nella stessa direzione, verso un futuro migliore per i nostri figli e nipoti"*.

19

CAPITOLO PRIMO

Beccaria e i suoi contemporanei

Dei delitti e delle pene è il titolo dell'opera di Beccaria sicuramente sintomatica di una realtà, o meglio, di una insoddisfazione, se non sconcerto addirittura, riguardo determinate prassi giuridiche che purtroppo provengono da un lontano passato e si iscrivono violentemente in una cultura illuminista, e non meno in quella odierna.

L'opera sicuramente è il frutto di una tanto dibattuta discussione riguardo la pena di morte e le "legali illegalità" giudiziarie.

È evidente che l'ambiente che circonda l'uomo che vive in questo panorama culturale decisamente invertito è proprio la esaltazione critica della razionalità o del cosiddetto "buon senso" citato da Cartesio, sebbene un secolo prima[4].

---

[4] "Il buon senso è a questo mondo la cosa meglio distribuita: ognuno pensa di esserne così ben provvisto che anche i più incontentabili sotto ogni altro rispetto, di solito, non ne desiderano di più. Non è verosimile che tutti s'ingannino su questo punto; la cosa, piuttosto, sembra attestare che il potere di giudicare rettamente discernendo il

21

Questa esaltazione della ragione proposta da Cartesio sembra essere una palese manifestazione della dilagante e ingombrante diversità di pratiche sia morali sia legislativo - giudiziario che in varie nazioni spesso entrano in contraddizione tra loro.

Se si pensa alla Francia, terra da cui partì la rivoluzione mossa da uno spirito diremmo illuminista, non si riesce a comprendere come possa accadere che un paese dichiaratamente religioso sottometta questo sano moralismo all'abusivismo o immoralità in materia giuridica riguardo la condanna.

Sicuramente questa metodologia delle pene da infliggere ai colpevoli sembra voler dichiarare la propria autonomia più "machiavellica" riguardo al conseguimento del bene per lo Stato senza alcuna riflessione sui mezzi atti al conseguimento di tale fine.

---

vero dal falso, ossia ciò che propriamente si chiama buon senso o ragione, è naturalmente uguale in tutti gli uomini. Sicché la diversità delle nostre opinioni non deriva dall'essere gli uni più ragionevoli degli altri, ma solo dalle vie diverse che seguiamo nel pensare, e dalla diversità delle cose considerate ciascuno." R. Descartes, *Discorso sul metodo*, Editori Laterza, Roma -Bari 1998, pp. 3-5.

Ma certo lo scopo del *Principe*[5] genera un assurdo controsenso, se iscritto nella politica dell'utile sociale illuminista, o meglio, rappresenta un assolutismo rispetto ai grandi progetti e condizioni sociali del cosiddetto *Contrattualismo*[6].

---

[5] "*Il Principe* di Machiavelli ha una concezione e visione *volgare* del desiderio: esso esisterebbe realmente e, esistendo, ha la possibilità di essere perseguito e dunque esisterebbe davvero l'oggetto tramite cui realizzare il desiderio. In Machiavelli è il potere il valore contante nella vita e, per il fatto di desiderarlo, egli lo fa esistere fuori di sé fino all'ingenuità di stabilire una distanza e quindi una meta. [...] Machiavelli pecca di ingenuità tattica volendo sciogliere la politica dalla morale, il fine dai mezzi, il contenuto dalla forma, semplicemente perché non si può togliere il fiasco e far stare in piedi il vino da solo [...] La realtà che Machiavelli analizza come presupposto dell'azione del Principe è una realtà la quale, non appena descritta, già non è più: inaffidabile, fantasmagorica, obsoleta, tutti gli strumentini acconci inapplicabili ancora prima di essere raffredati. La realtà, o sire, è bell'e scomparsa – ma Machiavelli si guarda bene dal dirglielo. Concentrando un eventuale principe sul *fine* da lui preposto, Machiavelli in effetti lo distoglie dal proprio più ambizioso progetto: dominare il Principe dandogli un falso *fine*, cioè un fine scisso dai mezzi per raggiungerlo". A. Busi, *Sodomie in corpo 11. Non viaggio, non sesso e scrittura*, Oscar Mondadori, Milano 2004, pp. 20 – 21.

[6] "L'orizzonte nel quale Rousseau si muove è dunque delimitato da un lato dalla conoscenza dell'uomo quale egli è, con le sue potenzialità (eredità dell'uomo naturale) e con i suoi limiti (frutto della corruzione civile), dall'altro dal progetto di un sistema di norme utili al rinnovamento della società civile; è infatti nell'ordine civile e non nella prospettiva dell'ordine naturale che egli intende muoversi: Rousseau non propone nessun ritorno alle libertà naturali, ma un progresso verso la libertà civile. Momento centrale di tale

Sappiamo infatti che Rousseau esprime forse la più consapevole forma di Compromesso sociale da lui identificato nel *Patto Sociale* dove tutta la comunità degli uomini garantisce di contribuire a questa volontà generale; ma questo stato civile altro non è se non completamento e perfezionamento dello stato di natura, sostituendo così all'istinto la giustizia per dare alle proprie azioni la moralità di cui prima mancavano.

Essa è la forma più fondamentale di giustizia dato che ciascun individuo riconosce nient'altro che la propria volontà in questo corpo sociale, dunque la giustizia morale espressa dalla volontà generale che formula leggi volte all'interesse comune.

Ma sicuramente non potrebbe essere interesse comune, o meglio, il bene dello Stato proclamare un sistema giudiziario che, al di là di colpire i rei, colpisce indirettamente se stesso,

---

trasformazione è costituito dal contratto sociale [...] Con il contratto ciascun individuo aliena dunque ogni diritto, in modo totale e senza riserve, ponendolo nelle mani della comunità. Tale cessione è una rigenerazione che trasforma l'individuo particolare in cittadino, un gruppo di soggetti in un popolo; con il contratto infatti ciascun contraente si impegna ad abbandonare gli impulsi passionali e individualistici per seguire la ragione e la volontà generale".
S. Gabbiadini, M. Manzoni, *La biblioteca dei filosofi* vol. II, Marietti, Milano 1995, p. 507.

macchiandosi, in nome della legge, della stessa colpa di colui che si intende punire[7].

È proprio vero ciò che sosteneva lo stesso Rousseau quando scriveva che tutto è bene quando esce dalle mani dell'Autore delle cose, tutto degenera fra le mani dell'uomo.

Infatti, i progressi della scienza hanno fatto in modo di allontanare l'individuo dalla natura e dalla sua origine.

Dunque da ciò si generano i vizi su cui è costruita l'intera vita sociale.

Cesare Beccaria difatti, si accorse che le leggi devono essere semplicemente le condizioni attraverso le quali gli uomini da isolati, tentano di creare una comunità, stanchi di vivere sempre in guerra tra di loro, per godere di una libertà utile a tutti[8].

È l'intento di Hobbes, quello di stabilire un patto sociale al fine di salvaguardare i diritti di natura attraverso leggi di natura.

---

[7] Cfr. C. Beccaria, Dei delitti e delle pene, cit., p.50.
[8] Difatti attraverso la lettura di Dei delitti e delle pene si può scorgere la grande influenza che Rousseau esercitò su di lui; in particolar modo la lettura del Contratto sociale.
[8] S. Gabbiadini, M. Manzoni, La biblioteca dei filosofi vol. II, cit., p.325.

"Proprio perché la condotta umana è mossa da passioni naturali fondamentalmente egoistiche che inducono alla prevaricazione, Hobbes ritiene di dover approfondire lo studio dei meccanismi che possono salvaguardare la sopravvivenza dell'uomo nell'ambito di uno stato che garantisca pace, ordine e stabilità"[9].

Proprio per evitare vendette e guerriglie tra gli uomini - homo homini lupus -, Hobbes propone il trasferimento del potere proprio del singolo ad un solo uomo o ad un intera assemblea.

Stipulando questo patto, ogni singolo contraente si impegna davanti la comunità a rimettere in mano ad esso o ad essi i propri diritti e la propria volontà affinché nasca il cosiddetto stato civile.

Ma certamente non è nei diritti di natura quello di violare la propria esistenza, anzi quella di promuovere la propria autoconservazione.

---

[9] S. Gabbiadini, M. Manzoni, *La biblioteca dei filosofi* vol. II, cit., p.325.

Motivo per cui Hobbes sottolinea il fatto che tutti i contraendi ricercano un compromesso spinti dalla paura della morte nello stato di guerra contro tutti[10].

La paura della morte è il movente dello stabilirsi in società e del promulgare leggi in vista di migliori condizioni di vita.

Pertanto come è possibile che tali leggi diventino quasi una minaccia ai diritti alla vita dell'uomo?

È assurdo pensare che ancora oggi le leggi abbiano questo effetto di minacciare la vita dell'uomo; poiché lo è ancor di più ricordare che in effetti è stato egli stesso a crearle.

Ma ovviamente sulle spalle dell'uomo ricade la degenerazione di anni di storia, e al tempo stesso, di leggi che fin dai tempi dell'antica Grecia e Roma continuano a reiterare degli errori spiacevoli e malgrado l'evoluzione (preferibilmente involuzione) dei tempi è spiacevole doversi trovare sempre di fronte a casi, benché modernizzati, di torture e condanne che forse, alla luce del progredire della civiltà[11], sono rimasti a loro volta i medesimi, sia pur come effetti.

---

[10] A tal proposito si legga : C. Porcino, *Diabolus. Seminario di Letteratura Busiana*, Kimerik Edizioni, Patti (Me), pp. 53 - 65.
[11] "La storia della civiltà è la storia dell'ipocrisia che, rarefacendosi nell'unica possibile versione della verità, dà luogo a una convenzione fra le parti. Questo è valso fino a oggi, e pertanto chi è grato alla

Apprendiamo dal commento di Voltaire al pamphlet di Beccaria una triste ma reale crudeltà delle pene e torture inflitte per ogni tipo di colpe e dalle più svariate barbarie.

Si passa dai casi di blasfemia e stregoneria molto frequenti nell'età medievale fino ad arrivare al 1600 - in cui i condannati venivano sottoposti a pene di gran lunga maggiori rispetto all'entità del delitto -, per giungere ad eventi più vicini al suo tempo.

Voltaire rimane colpito dal caso di una giovane donna, che costretta dalle sue scarse risorse economiche, dovette nascondere la propria gravidanza lasciando il proprio figlio appena nato presso un convento, con la speranza segreta che qualcuno si sarebbe occupato del bambino meglio di lei.

---

civilizzazione deve essere grato al valore nel tempo dell'ipocrisia. Ma adesso non è più possibile: l'ipocrisia non ha più nulla da produrre e ha preso il cammino inverso. Non potendo distruggere gli uomini direttamente, che di essa si sono nutriti fino a elevarla a sistema esemplare nei secoli e millenni, grazie agli uomini sta distruggendo il pianeta per distruggerli indirettamente, ipocritamente, tutti. Ormai ogni sciente sottovalutazione umana della verità è un pezzo di materia terracquea che muore per sempre. L'ipocrisia è diventata la peste antiecologica per eccellenza, la radiazione strisciante prima dell'estremo addio a tutto ciò". A. Busi, *Cazzi e Canguri*, Oscar Mondadori, Milano 2002, pag.64.

Purtroppo la donna fu condannata a morte per il semplice fatto di essere una ragazza madre, impaurita e priva di mezzi, con l'accusa di omicidio nei confronti del figlio, dal momento che questi in seguito morì.

Come può volgersi un ingenuo atto, forse di amore, in condanna?

Secondo lo stesso Voltaire nel mondo esiste tanto il bene quanto il male, ma sta all'uomo trovare soluzioni ragionevoli a tale problema.

La stessa ragione opera in ambiti assai ristretti, non potendo avere la massima libertà, che spetterebbe soltanto a un ipotetico essere supremo.

Ma non per questo non è data possibilità di evolversi e a ciò viene in aiuto la filosofia che è spirito critico atto a discernere il vero dal falso.

Dunque il vero progresso per Voltaire, non riguarda la ragione in sé, ma solo il modo in cui essa riesce a predominare sulle passioni, nelle quali si radicano i pregiudizi e gli errori.

Forse questa capacità della ragione è ancora ai primordi data la sua incapacità alla luce dei fatti di imporsi sull'istinto.

Basti pensare agli effetti immediati che ebbe, sia pur limitata in alcuni paesi, per rendersi conto che non è poi così scontato tacere e dover continuare ad assistere a episodi ormai diventati di millenaria consuetudine.

Come diceva Kant il dovere è dentro di noi, chi solo compie il dovere allora compie una azione morale; ma il dovere imposto non è più dovere, diventa imposizione, e mai nella coscienza dell'individuo potrà essere interiorizzato.

Motivo per cui, nonostante la pena di morte, molti continuano a commettere colpe, è perché non sarà certo una tale imposizione di morte a responsabilizzare e sensibilizzare gli uomini al rispetto delle leggi.

A questo proposito è lecito riflettere sul limite imposto al male e di conseguenza sull'uso della libertà individuale.

"È un problema che ha dimensioni non soltanto individuali, ma anche collettive.

Esso attende perciò una soluzione in qualche modo sistematica.

Se io sono libero vuol dire che posso fare un uso buono o cattivo della mia libertà.

Se la uso bene, a mia volta divento per questo più buono, e il da me realizzato influisce positivamente su chi mi circonda.

Se invece ne faccio un uso sbagliato, ne verranno il radicamento e la diffusione del male in me e nell'ambiente circostante.

La pericolosità della situazione in cui oggi si vive consiste nel fatto che, nell'uso della libertà, si pretende di prescindere dalla dimensione etica, cioè dalla considerazione del bene e del male morale [...]

Occorre però subito aggiungere che le tradizioni europee, in particolare del periodo illuminista, hanno riconosciuto la necessità di un criterio regolatore nell'uso della libertà.

Tale criterio, tuttavia, è stato individuato non tanto nel bene giusto (bonum honestum), quanto piuttosto nell'utile o nel piacere [...]

Nell'agire umano le varie facoltà spirituali tendono ad una sintesi. In questa sintesi, il ruolo guida viene svolto dalla volontà.

Il soggetto imprime così all'agire la propria razionalità.

Gli atti umani sono liberi e, in quanto tali, chiamano in causa la responsabilità del soggetto.

L'uomo vuole un dato bene e lo sceglie: è conseguentemente responsabile della propria scelta"[12].

Ogni azione sganciata dall'autorità morale provoca ripercussioni corali sul proprio comportamento e indirettamente sulla vita dell'altro.

Se riflettiamo sul periodo del Terrore, possiamo ampiamente immaginare cosa voglia dire lasciarsi andare agli istinti più reconditi, fino a far divenire l'essere umano un subuomo, nemmeno simile ad una bestia.

"L'uomo può fare il bene o il male perché la sua volontà è libera, ma anche fallibile. Quando sceglie, lo fa sempre alla luce di un criterio e questo può essere la bontà oggettiva o invece il vantaggio in senso utilitaristico.

Con l'etica dell'imperativo categorico Kant ha messo giustamente in rilievo il carattere obbligato delle scelte morali dell'uomo"[13].

[12] K. Wojtyla, *Memoria e Identità*, Rizzoli, Milano 2005, pp.47,48.
[13] Ivi, pag.51.

*   *   *

Intorno alla metà del settecento la cultura italiana fu prepotentemente influenzata dalle nuove istanze ideologiche e culturali dell'Illuminismo francese.

Gli intellettuali italiani si impegnarono a promuovere degli ideali filosofici che erano in un certo qual modo espressioni di società più evolute quali quella inglese e francese.

È chiaro che a causa dello sviluppo non omogeneo nei diversi Stati e regioni, le applicazioni di questa nuova cultura, furono limitate.

In particolar modo, le nuove concezioni si affermarono nei due stati in cui fu più facile accogliere tali istanze formative; ovvero il Regno di Lombardia e il Regno di Napoli.

Ciò fu possibile grazie all'operato di alcuni esponenti del cosiddetto dispotismo illuminato come Maria Teresa d'Asburgo[14] e del figlio Giuseppe II.

Fu proprio a Milano e ad un periodico dal nome il "Caffè" fondato nel 1764 (e pubblicato fino al 1766) dal conte Pietro

---

[14] Maria Teresa d'Asburgo regnò dal 1740 al 1780, mentre il figlio Giuseppe II fu re dal 1780 al 1790

Verri e il fratello Alessandro, che i maggiori intellettuali si riunirono per dibattere e discutere del diffondersi delle idee illuministe.

Proprio in questo circolo letterario si concretizzò l'operato di Cesare Beccaria; che proprio presso questo circolo, pubblicò ben sette articoli.

Cesare Beccaria milanese di nascita venne al mondo da una famiglia nobile da cui ereditò, difatti, il titolo di marchese.

Nella sua vita fu un valido economista e avvocato.

Dalle lezioni che tenne presso la Scuola Palatina di Milano nacque *Elementi di economia politica*.

Il suo capolavoro fu di sicuro *Dei delitti e delle pene* che ebbe un' immediata distribuzione sia in Italia che in Europa.

Anche se l'Illuminismo italiano non viene ricordato per l'enorme contributo filosofico reso alla storia, è in parte famoso per l'opera citata di Beccaria.

Cesare Beccaria nel 1746 entrò nel collegio Farnesiano di Parma, e nel 1758 conseguì la laurea in legge presso l'Università di Pavia.

Il 1761 fu l'anno in cui Beccaria iniziò a frequentare la Società dei Pugni e sotto l'appoggio di Pietro Verri scrisse il suo primo saggio *Del disordine e de'rimedi delle monete nello Stato di Milano* nel 1762.

Nel 1764 pubblicò sempre in forma anonima il celebre *Dei delitti e delle pene*.

Il libro fu subito tradotto all'estero e la più importante fu quella effettuata dall'abate Morellet collaboratore peraltro dell'Encyclopedie.

Dei delitti e delle pene fu inoltre commentato da Voltaire e Diderot.

Il testo circolò sia in Europa che in America, divenendo un testo di riferimento per i progetti di riforma.

Con Alessandro Verri, Beccaria fece un viaggio a Parigi, e successivamente si rifiutò di accogliere l'invito di recarsi a Pietroburgo voluto da Caterina II di Russia per la riforma del codice penale.

Data la fortuna di *Dei delitti e delle pene* si incrinò il rapporto di amicizia che lo legava ai fratelli Verri.

Questo accadde perchè Pietro Verri scrisse tra il 1770 e il 1777 un altro pamphlet dal titolo *Osservazioni sulla tortura*. Purtroppo questo non trovò l'accoglienza che fu riservata invece all'opera di Beccaria e malgrado Verri rivendicasse in qualche modo di avere esercitato con le sue teorie una certa influenza sull'autore di *Dei delitti e delle pene,* non riuscì mai ad accettare la fortunata ascesa del proprio compagno d'intelletto.

Per il governo dello Stato di Milano nel 1771 divenne Membro preso il Consiglio di economia, e nel 1790 fece parte della correzione del sistema giudiziario e un anno dopo per la riforma del sistema criminale.

In questo periodo scrisse *Elementi di economia pubblica* che fu pubblicato postumo.

La figlia di Cesare Beccaria, Giulia, fu sposa di Pietro Manzoni e madre del grande scrittore Alessandro Manzoni.

Sicuramente per Beccaria grande influenza dovette esercitare la lettura delle *Lettere persiane* di Montesquieu, così come le altre opere di autori quali Diderot, Hume, D'Alembert, Condillac, etc.

* * *

Ne i *Delitti e delle pene* Cesare Beccaria denuncia gli abusi istituzionali in campo giuridico.

Nella sua opera, infatti, l'autore affronta il problema del diritto a vivere da un punto di vista morale più che religioso.

Ci troviamo in pieno periodo illuminista e quindi pur essendo un cattolico, nella sua opera decide di laicizzare il problema della pena di morte, della tortura, etc.

Nell'Illuminismo il dogmatismo delle religioni confessionali viene preso di mira; difatti Voltaire definisce la Chiesa come infame, un ostacolo, una forza di opposizione al progresso.

Ma uccidere un uomo, oltre che rappresentare un segno manifesto di oltraggio a ciò che chiamiamo comunemente Dio, è una offesa alla dignità umana.

Spesso durante i secoli la stessa Chiesa cattolica ha seminato sul proprio cammino sangue, torture e pene capitali[15].

Si pensi all'Inquisizione e agli illustri "martiri" del pensiero come: Giordano Bruno, Ugo Capeto e a molti altri[16].

---

[15] A questo proposito si consiglia la lettura del libro: W. Monter, *Riti, mitologia e magia in Europa all'inizio dell'età moderna*, Il Mulino, 1988.

37

* * *

Il 1764 è l'anno della pubblicazione di *Dei delitti e delle pene* a Livorno, e secondo studi approfonditi fu l'anno in cui le esecuzioni capitali si intensificarono ancor più degli altri anni. Di solito si fa riferimento soltanto all'effetto positivo che quest'opera esercitò su molti stati stranieri e soprattutto su Leopoldo di Lorena, granduca di Toscana che abolì per primo la pena di morte (1786) anche per il reato di lesa maestà; ma si tralascia spesso la questione che le esecuzioni capitali non cessarono in tutta Italia.

Difatti: *"la pena di morte è un fatto normale, usuale, quasi fisiologico in questo periodo.*

È come la nascita di un bimbo, il sole che sorge e che tramonta, gli animali che lavorano nei campi".[17]

---

[16] È consigliabile la lettura dei seguenti libri: C. Porcino, *Pensieri sparsi su Dio, Ratzinger e la Chiesa*, Il Rovescio Editore 2007, e C. Porcino, *La Chiesa è nuda*, 2012.

[17] I. Mereu, *La pena di morte a Milano nel secolo di Beccaria*, Neri Pozza editore, Vicenza 1998, p.18.

38

Alla base di ogni riflessione morale sulla pena di morte sta il riferimento biblico dell'uccisione di Abele ad opera di Caino (Gn 4,8).

"Il fratello uccide il fratello. Come nel primo fratricidio, in ogni omicidio viene violata la parentela «spirituale», che accomuna gli uomini in un'unica grande famiglia, essendo tutti partecipi dello stesso bene fondamentale: l'uguale dignità personale"[18].

Quando persino la voce del sangue di un fratello, invoca giustizia, si arriva all'inevitabile conclusione che l'uomo è colpevole dell'assassinio fisico e morale di un suo familiare.

Tale è infatti la conclusione che ne trae Tiberio Deciani, uno dei maggiori criminalisti del diritto penale in età barocca. Questi dirà nel suo *Tractus criminalis*: *"che il delitto è la prima azione che l'uomo abbia compiuto, quando nel paradiso terrestre violò la norma che gli proibiva di cogliere il frutto proibito"*[19].

---

[18] G. Paolo II, *Evangelium Vitae*, Libreria Editrice Vaticana 1995 , p.15.
[19] I. Mereu, *La pena di morte a Milano nel secolo di Beccaria*, cit., p.18.

Quindi secondo questo punto di vista tutta l'iniquità del male umano deriva proprio da un peccato adamitico, perpetrato attraverso i secoli da uomo a uomo.

In verità non esiste nessuna singola formula generale per capire l'essenza del male.

La parte più difficile del percorso identificativo del male consiste nel riconoscere l'essenza della malvagità che può proprio annidarsi dietro apparenti e innocui segnali[20].

"Siccome l'uomo, anche quando ha abiurato tutte le norme etiche, conserva ancor sempre una propensione a scandalizzarsi e a giudicare gli altri, ecco in quel concetto d'importuna debolezza o di resistenza permanere un avanzo di ripugnanza per il «male»; ed ecco avvenire facilmente uno scambio; e ogni resistenza di per sé venir considerata come «male»"[21].

Ma il concetto a cui è saldamente ancorata la pena di morte è il valore del bene comune.

---

[20] Cfr. A. Heller, *Etica generale*, Il Mulino, Bologna, 1994, p.289.
[21] J. Huizinga, *La crisi della civiltà*, Giulio Einaudi Editore, 1963, p. 76.

Qualsiasi malfattore che si ritenga contrario al cosiddetto bene comune può essere soppresso per la sopravvivenza della collettività.

In tale contesto l'appartenenza alla religione cristiana diventa una caratteristica davvero insignificante[22].

In questo modo la vita del singolo viene considerata come una prerogativa del vivere in comunità.

"Il principio della libertà richiede libertà di gusti e di ricerca; liberta di progettare la nostra vita secondo la nostra indole; libertà di fare quello che ci piace, subendo tutte le conseguenze che ne possono derivare, senza essere impediti dagli altri fin quando ciò che facciamo non li danneggi"[23].

Il punto centrale della questione è proprio quel prevenire il crimine uccidendo il criminale.

Philip Kindred Dick nel suo romanzo *Minority report* sostiene appunto che in un prossimo futuro si potrà contare su un

---

[22] Cfr. I. Mereu, *La pena di morte a Milano nel secolo di Beccaria*, cit., p. 19.
[23] J.S. Mill, *Sulla libertà*, Bompiani, Milano 2000, pp. 61-63.

sistema preventivo che arresti i malfattori ancor prima che compiano il crimine[24].

L'intenzionalità diventa pertanto colposa.

Ovviamente nel 1500 cosi come nel 1700[25] non si poteva certamente parlare di anticrimine, ma a volte si uccideva un delinquente, per un semplice gusto sordido e omicida.

Giulio Claro, membro del Senato di Milano e reggente del Consiglio supremo d'Italia, oltre a lasciare le modalità più ad uso di uccisioni capitali, lascia anche una velata polemica sulla pena di morte e sul: *"senso che si tratta di una tecnica della macellazione che è opportuno eseguire, ma sulla quale non trova necessario soffermarsi più di tanto. Dicendo al massimo - dopo avere elencato le pene - che tale trattamento è riservato solo ai delitti atrocissimi. Ma questo aggettivo «atrocissimi» è un po' come un vaso vuoto, e può essere riempito con qualunque contenuto"*[26].

---

[24] Philip K. Dick(1928-1982) è uno dei maggiori autori di romanzi fantascientifici del secolo scorso, che subito dopo la sua morte divenne un vero e proprio caso letterario.

[25] A tal proposito si consiglia la lettura del libro di Stendhal, *Cronache italiane*, Newton Compton Editori, Roma 1993, in merito al caso Beatrice Cenci pp. 40-65, e il capitolo *La duchessa di Palliano* p. 66-84.

[26] I. Mereu, *La pena di morte a Milano nel secolo di Beccaria*, cit., p.23.

Questo «atrocissimo» difatti si presta a mille interpretazioni di parte che porteranno nel 1764 all'uccisione di un individuo per "titolo nefando", ovvero perché omosessuale.

La pena che gli fu inflitta, come ci testimonia Italo Mereu, fu quella per soffocamento e subito dopo di essere arso in piazza.

Proprio nell'anno della pubblicazione di *Dei delitti e delle pene*, le modalità di esecuzioni diventano sempre più incivili e truci.

Su uno sfondo storico ampiamente criticato, si staglia una importante associazione religiosa: La confraternita di San Giovanni Decollato e i Confortatori.

Per lo più erano composte da religiosi, laici e nobili.

"Per il diritto canonico essa è una associazione di fedeli, riconosciuta ed eretta per l'esercizio delle opere di pietà e di carità.

Gli associati non pronunciavano voti e non vivevano in comune; avevano come fine principale la salute della propria anima, e come scopo secondario «l'alleviamento e il conforto dei giustiziandi»[27]. *E ancora: "Scopo principale di quest'associazione era, appunto, quello di preparare i*

---

[27] Ivi, p.27.

condannati a fare una morte «esemplare», prestando al condannato tutto il sostegno e l'aiuto spirituale (come dicono i regolamenti) e anche talvolta, costringendolo. La morte diventa così uno «spettacolo»[28] ".

Secondo alcune fonti incerte l'associazione in questione ebbe il periodo di maggior rigoglio durante l'epoca di Carlo II re di Spagna, precisamente nel 1765.

Lo storico Biffi definisce questa associazione una "azienda economica", avente come effige San Giovanni Decollato, con un simbolo che raffigura una testa mozzata, staccata dal corpo in stato di abbandono sul ceppo e dato in dono ad una donna da un boia, che tiene in mano una mannaia grondante sangue.

Il tutto racchiuso in una cornice di cherubini che si alternano a teschi, fiori e cornucopie.

---

[28] Ivi, p. 29.

CAPITOLO SECONDO

Leggi, Libertà e Giustizia nell'opera di Beccaria

"Apriamo le istorie e vedremo che le leggi, che pur sono o dovrebbon esser patti di uomini liberi, non sono state per lo più che lo strumento delle passioni di alcuni pochi, o nate da una fortuita e passeggiera necessità"[29].

Cesare Beccaria apre la sua introduzione con queste parole significative, che mettono in evidenza il valore precipuo che sta dietro la nascita delle leggi.

"Nel sedicesimo secolo, un giovane letterato francese amico di Montaigne, Etienne de la Boètie, si pose una domanda apparentemente ingenua ma, a guardar bene, anche molto profonda: perché i membri di ogni società, che sono tanti, obbediscono a uno solo (che sia un re, un tiranno, un dittatore, un presidente o un capo qualunque)? [...] Il principale

---

[29] C. Beccaria. *Dei delitti e delle pene*, cit., p.19.

beneficio è dato dall'unione delle forze per raggiungere così degli obiettivi che il singolo individuo da solo non raggiungerebbe mai.

Un'unica guida rende possibile questa collaborazione; e questa guida deve per forza essere abbastanza stabile".[30]

In verità la nascita delle leggi può essere intesa come un volere a tutti i costi uscire da un isolamento continuo per provare a vivere in società e nella società; e come se l'individuo avesse avvertito la responsabilità di vivere per e nel collettivo.

Difatti: *"le leggi sono le condizioni, colle quali uomini indipendenti ed isolati si unirono in società, stanchi di vivere in un continuo stato di guerra e di godere una libertà resa inutile dall'incertezza di conservarla. Essi ne sacrificarono una parte per goderne il restante con sicurezza e tranquillità.*

La somma di tutte queste porzioni di libertà sacrificate al bene ciascheduno forma la sovranità di una nazione, ed il sovrano è il legittimo depositario ed amministratore di quelle".[31]

---

[30] F. Savater, *Politica per un figlio*, Editori Laterza, Bari 2001, pp. 27-28.
[31] C. Beccaria, *Dei delitti e delle pene*, cit., p. 20.

Secondo Beccaria colui che esercita l'autorità non può in alcun modo punire un individuo senza reale necessità; altrimenti ciò sarebbe frutto di tirannia piuttosto che di giustizia [32].

Sin dalle prime pagine di *Dei delitti e delle pene* si avverte lo straordinario spirito critico che pervade l'opera di Beccaria.

Tale opera è suddivisa in quarantadue brevi capitoli, ognuno dei quali tratta un aspetto specifico della questione dibattuta.

Inutile negare che scopo dell'opera è proprio quello di smascherare il sistema giuridico vigente, e mostrare al popolo il vero volto della "giustizia" dell'epoca, a tratti repressiva e violenta.

Secondo Voltaire: *"essendo l'uomo creato per vivere in società, egli ha avuto da Dio i mezzi per acquisire l'idea di giusto e ingiusto; idea non identica ovunque ma in rapporto al bene o al male che dai nostri atti può derivare dalla società"*[33].

Anche Beccaria è del parere che se ognuno di noi provasse a consultare il cuore umano, vi troverebbe i principi fondamentali del diritto[34].

---

[32] Cfr. Ibid.
[33] F. Adorno,T. Gregory, V. Verra, *Manuale di storia della filosofia* vol. II, Editori Laterza, Roma -Bari 1996, p.337.
[34] Cfr. C. Beccaria, De*i delitti e delle pene*, cit., p.21.

"L'uomo è sempre uguale. I sistemi che egli crea sono sempre imperfetti, e tanto più sono imperfetti quanto egli è sicuro di sé.

Da dove trae origine questo? Viene dal cuore dell'uomo. Il nostro cuore è inquieto".[35]

In un certo qual modo l'individuo trae dall'inquietudine morale che lo pervade il metro "necessario" per instaurare sulla terra una legge che rappresenti e non violi l'immagine e il concetto del creatore impressa in ognuno di noi.

Impresa ardua che il più delle volte si espleta in maniera assolutamente difforme al principio di partenza.

Difatti nella stragrande maggioranza Beccaria osserva che: *"Ciascun uomo ha il suo punto di vista, ciascun uomo in differenti tempi ne ha un diverso.*

Lo spirito della legge sarebbe dunque il risultato di una buona o cattiva logica di un giudice, di una facile o malsana digestione, dipenderebbe dalla violenza delle sue passioni, dalla debolezza di chi soffre, dalle relazioni del giudice coll'

---

[35] V. Messori, G. Paolo II, *Varcare la soglia della speranza*, Arnoldo Mondadori Editore, Milano 1994, p.6.

offeso e da tutte quelle minime forze che cangiano le apparenze di ogni oggetto nell'animo fluttuante dell'uomo"[36].

Questo accade perché la legge filtra attraverso la personale interpretazione di un giudice che il più delle volte decide non soltanto in base al codice penale; ma molto spesso facendosi guidare dalle proprie emozioni negative nella disputa del caso.

La questione centrale del dibattito è che se trova difficoltà persino un giudice ad interpretare l'oscurità delle leggi, figuriamoci i semplici cittadini che nella stragrande maggioranza sono analfabeti.

Fu proprio questo a scatenare in Beccaria una vera e propria indignazione sulle oscurità delle leggi.

"Se l'interpretazione delle leggi è un male, egli è evidente esserne un altro l'oscurità che trascina seco necessariamente l'interpretazione, e lo sarà grandissimo se le leggi sieno scritte in una lingua straniera al popolo, che lo ponga nella dipendenza di alcuni pochi, non potendo giudicar da se stesso qual sarebbe l'esito della sua libertà, o dei suoi membri, in una lingua che formi di un libro solenne e pubblico un quasi privato e domestico"[37].

---

[36] C. Beccaria, *Dei delitti e delle pene*, cit., p.23.
[37] Ivi, p.24

Infatti Beccaria riconosceva alla stampa[38] un ruolo fondamentale per l'acculturazione e alfabetizzazione del popolo.

---

[38] Questo in un certo qual modo riguarda soprattutto lo sviluppo della letteratura nella storia europea dopo l'invenzione della stampa. Infatti: *"Ci sono due avvenimenti che dividono il Medioevo dall'Evo moderno e, purtroppo per il Rinascimento italiano che è conchiuso in se stesso e appartiene più all'ubbidienza che all'emancipazione, sono entrambi di origine germanico - protestante. Il primo è l'invenzione dei caratteri mobili da parte di Gutemberg (1455), da cui ha origine la stampa e quindi la possibilità, per uno S//scrittore del nostro secolo che lo voglia e che ne sia capace, di vivere dei propri diritti d'autore svincolandosi da ogni Principe o Vescovo, e il secondo è la traduzione (1534) nella vulgata tedesca - lingua viva, parlata del volgo, non lingua morta dei chierici - della Bibbia da parte di Lutero.*
Non dimentichiamoci che Lutero per questo tradimento – linguistico e perciò politico - dà luogo alla Riforma una volta per sempre, riformando il rapporto fra sacro e profano, fra dovere e potere, fra Chiesa, Impero e sudditi e, già che c'è, grazie all'introduzione di una lingua scritta comprensibile a molti perché mediata dall'uso della strada e non dalla sedimentazione dei Codici, getta le basi della Letteratura moderna e dalla profana scrittura, quella spogliata di ogni insegnamento alla lettera, di ogni didattica dei valori aprioristici e dogmatici da incanalare verso il gregge delle pecorelle smarrite per statuto: da qui, tanto per cominciare, Grimmelshausen, Shakespeare, Rabelais - italiani, innocui pasquinate a parte, nessuno.
Mentre il tedesco, l'inglese, il francese diventano luoghi mentali (e geofisici) dell'arte della Letteratura, che o è laica o non è, e la letteratura si scinde via via dalla letterarietà, l'italiano continua a essere una lingua a uso dei precetti, della verbosità sacerdotale,

Forse può aiutarci a comprendere meglio la società francese del tempo la celebre rappresentazione descritta da Victor Hugo nel suo *I Miserabili* (1862).

In una società distrutta dalla fame, da una rivoluzione che inneggiava ai diritti e che portò con sé echi di violenza inaudita come il Terrore, e che infine vedrà sedere sul trono di Francia non gli ideali della Repubblica ma l'Impero napoleonico, è facile immaginare quanta disperazione dimorava tra la gente.

Beccaria in *Dei delitti e delle pene* non si occupa di certo solo della situazione italiana, ma con grande eloquenza abbraccia la patria della rivoluzione illuminista e l'intera situazione europea di sua conoscenza.

Per quanto si sia sforzato di analizzare il problema dell'applicazione e dell'interpretazione delle leggi, non tutti furono così felici di accogliere tali istanze formative.

Bisogna tenere presente che l'opera di Beccaria fu subito ammirata all'estero e questo sta a dimostrare di come queste

---

degli ammaestramenti, dell'edificazione morale, del catechismo di uno Stato pervicacemente etico: in altre parole, l'italiano perdura nel libresco ghirigoro del cortigiano e nell'astrusità maccheronica dell'abate". A. Busi, *Nudo di madre*, Oscar Mondadori, Milano 2003, p.58

riflessioni filosofico-giuridiche abbiano abbracciato l'idea universale di giustizia.

La sua fu un'opera che varcò i confini nazionali per dare un grande contributo alle altre costituzioni europee e d'oltreoceano.

Ma vediamo di comprendere cosa Cesare Beccaria intendesse per delitto.

Alla base di una società civile vi stanno due tipi di misfatti che vanno a scalfire l'uno: *"la società, e l'ultimo nella minima ingiustizia possibile fatta ai privati membri di essa. Tra questi estremi sono comprese tutte le azioni opposte al ben pubblico, che chiamansi delitti, e tutte vanno per gradi insensibili, decrescendo dal più sublime al più infimo"*[39].

Su questo sfondo si stagliano in particolar modo le riflessioni del marchese De Sade[40] sulle potenzialità di un uomo considerato "malvagio".

---

[39] C. Beccaria, *Dei delitti e delle pene*, cit., p.25.

[40] "Nel momento in cui nello spirito del popolo si decideva in modo oscuro un avvenimento che avrebbe scosso e anche relativamente liberato il mondo, uno degli infelici che le mura della Bastiglia imprigionavano era l'autore di Justine. (Il marchese De Sade n.d.r.) Si trovava in carcere da dieci anni, ed alla Bastiglia dal 1784; era uno degli uomini più ribelli e più furiosi [...] L'Essenza delle sue opere è la distruzione: non solamente la distruzione degli oggetti. Delle

Delle riflessioni così importanti ci fanno riflettere sul gusto "sadico" delle torture e delle esecuzioni capitali, che trovano un valido esempio nelle parole del già citato Victor Hugo:

"Nel mezzogiorno, verso la fine dello scorso mese di settembre - non abbiamo ben presente alla memoria il luogo, il giorno e il nome del condannato, ma siamo in grado di ritrovarli se il fatto ci viene contestato, e crediamo che sia a Pamiers - verso la fine di settembre, dunque vanno a trovare un uomo nella sua prigione, dove giocava tranquillamente a carte; gli significano che dovrà morire tra due ore, cosa che lo fa tremare in tutte le

---

vittime messe in scena, ma anche dell'autore e della sua stessa opera.[...] Nei personaggi dei suoi romanzi, ora egli sviluppa una teologia dell'Essere supremo in malvagità, il suo ateismo sfida Dio e gode del sacrilegio[...] In effetti, Sade amò il Male; ma Sade, la cui opera tutta intera si propone di rendere desiderabile il Male, pur non potendo condannarlo, non poteva neanche giustificarlo [...] La «sfrenatezza» delle passioni è sì maledetta, ma la punizione, che si propone di evitarla, ha un carattere che è diverso da quello del delitto (i moderni dicono in termini non del tutto perfetti ma più precisi: il delitto che è frutto di passione è pericoloso, ma autentico. Non così la repressione, che deve rispondere ad una condizione: quella di proporsi come scopo l'autentico, ma l'utile) [...] Ponendosi fuori dell'umanità, Sade ebbe nella sua lunga vita una sola occupazione, che decisamente lo avvinse: quella di enumerare fino alla stanchezza le possibilità di distruggerli e godere al pensiero della loro morte e della loro sofferenza". Brano tratto dalla Postfazione di G. Bataille nel libro del marchese De Sade, *Eugènie De Franval*, Ed. Se, Milano 1986, pp.88-100.

membra, poiché, essendo stato dimenticato da sei mesi, non pensava più alla morte; lo radono, lo tosano, lo legano e lo confessano; poi lo trasportano nella carretta con quattro gendarmi, attraverso la folla, fino al luogo dell'esecuzione.

Fin qui nulla di strano. Così avviene normalmente. Giunto sul patibolo, il boia lo sottrae al prete, lo porta via, lo lega sulla basculla, l'enfourne - mi servo qui del termine in gergo - poi lascia cadere la mannaia.

Il pesante triangolo di ferro si distacca a stento, cade traballando nelle sue scanalature e, qui viene l'orribile, taglia l'uomo senza ucciderlo.

L'uomo lancia un grido spaventoso. Il boia, sconcertato, risolleva la mannaia e la lascia ricadere. La mannaia morde il collo della vittima una seconda volta, ma non lo recide.

Il poveretto urla, la folla insieme a lui. Il boia issa nuovamente la mannaia, sperando che il colpo vada meglio. Niente. Il terzo colpo fa sgorgare un terzo ruscello di sangue nella nuca del condannato, ma non fa cadere la testa. In breve, la lama si rialzò e ricadde cinque volte, cinque volte ferì il condannato urlò sotto il colpo e scosse la testa ancora viva chiedendo grazia!

Il popolo indignato afferrò delle pietre e nella sua giustizia cominciò a lapidare il miserabile boia.

Il boia scappò sotto la ghigliottina e vi si acquattò dietro i cavalli dei gendarmi.

Ma non è ancora finita. Il suppliziato, vedendosi solo sul patibolo, si era rizzato sulla tavola e là, in piedi, spaventoso, grondante di sangue, sostenendo la testa mezzo tagliata che pendeva sulla spalla, implorava con deboli grida che qualcuno andasse a troncargliela.

La folla, mossa a pietà, era sul punto di forzare i gendarmi e di accorrere in aiuto dello sventurato, che aveva subito cinque volte la sua sentenza di morte.

Proprio in quell'istante un aiutante del boia, un giovane di vent'anni, sale sul patibolo, dice al condannato di girarsi un poco perché possa slegarlo e, approfittando della postura del morente che si abbandonava a lui senza diffidenza, gli salta sulla schiena e penosamente si accinge a tagliare ciò che restava di quel collo con so quale coltellaccio da macellaio.

Questo è accaduto. Questo è stato visto. Proprio così.

A termini di legge, un giudice doveva essere presente all'esecuzione.

55

Con un cenno poteva fermare tutto. Che cosa faceva quest'uomo, al coperto nella sua carrozza, mentre si massacrava un altro uomo?

Che cosa faceva quel punitore di assassini, mentre in pieno giorno, sotto i suoi occhi, sotto il fiato dei suoi cavalli? E il giudice non è stato sottoposto a giudizio! E il boia non è stato sottoposto a giudizio! E nessun tribunale si è occupato di questa mostruosa terminazione di tutte le leggi sulla sacra persona di una creatura di Dio!"[41].

In questo raccapricciante aneddoto, si riscontra una malvagità morale estrema che neppure il tanto accusato De Sade sarebbe stato capace di raccontare; o se l'avesse fatto si sarebbe dovuto fare un discorso tra il linguaggio immaginifico del pensiero e l'atrocità di un evento realmente accaduto!

Qui purtroppo ci troviamo dinanzi ad un abominevole applicazione legislativa, che ha permesso ad un uomo di torturare legalmente un proprio simile.

"Sarebbe del resto assurdo anche solo il pensare che gli uomini, per il fatto che vengono preposti al governo della cosa pubblica, possano essere costretti a rinunciare alla propria

---

[41] V. Hugo, *L'ultimo giorno di un condannato a morte*, Tascabili economici Newton, Roma 1993, pp. 21-22.

umanità; quando invece sono scelti a quell'alto compito perché considerati membra più ricche di qualità umane e fra le migliori del corpo sociale".[42]

In queste riflessioni è possibile scorgere quanto Beccaria sostenne a proposito delle pene da infliggere a coloro i quali, secondo i giudici, si sarebbero macchiati di offesa contro Dio; unico Legislatore al di sopra delle parti.[43]

* * *

Il toccante racconto di Victor Hugo non è stato certamente l'unico a ricordare al mondo le atrocità e le ingiustizie della pena di morte. Nel 1898 l'editore inglese Leonard Smithers pubblica l'opera di Oscar Wilde intitolata *La ballata del carcere di Reading*. Tale opera è una riflessione cupa e disincantata sul senso della vita e della morte scritta da Oscar Wilde subito dopo la sua scarcerazione avvenuta il 19 maggio 1897. Durante quel periodo di assurda detenzione lo scrittore ebbe modo di osservare le condizioni disumane in cui erano

---

[42] G. XXIII, *Pacem in terris*
[43] Cfr. C. Beccaria, *Dei delitti e delle pene*, cit., p.26.

tenuti i carcerati, e soprattutto rimase fortemente impressionato dall'assurda ferocia della pena capitale. Wilde era stato accusato e detenuto perché omosessuale. Come vedremo in seguito, le leggi inglesi prevedevono delle punizioni per le persone gay attraverso le sodomy laws. *La ballata del carcere di Reading* racconta la morte tramite impiccagione di Charles Thomas Wooldridge per aver assassinato la proprie moglie. I versi di Wilde ci evocano il dolore, la sofferenza e la rassegnazione di chi giace in una cella abbandonato al proprio destino di morte. Wilde scrive: *"Ogni uomo uccide quello che ama, che ognuno ascolti questo, alcuni lo fanno con sguardo amaro, altri con una parola mielosa, il codardo uccide con un bacio, l'audace con la spada"*[44]. Più avanti Oscar Wilde prosegue denunciando come la vita e la fine dell'esistenza di un carcerato veniva quasi ridicolizzata dallo staff medico e dal personale della prigione: *"Il Governatore era inflessibile circa il Regolamento: il Dottore diceva che la morte è solo un fatto scientifico: due volte al giorno il Cappellano chiamava, lasciando un opuscolo"*. Però è sul finire dell'opera che la liricità e drammaticità di Wilde toccano il cuore del lettore:

---

[44] O. Wilde, *La ballata del carcere di Reading*, Edizioni Libreria Croce, Roma 2012 , p. 15.

"Ma fra di noi c'erano quelli che camminavano a testa bassa, perché se avessero avuto ciò che gli spetta sarebbe toccato loro di morire. Lui aveva ucciso qualcosa di vivo mentre essi avevano ucciso un morto. Perché chi pecca una seconda volta riporta al dolore un animo morto, lo estrae dal suo sudario macchiato, e lo fa sanguinare di nuovo, lo fa sanguinare grandi gocce di sangue, lo fa sanguinare invano". Come aveva già ricordato Hugo descrivendo gli ultimi giorni di un condannato a morte, così Wilde ci rammenta che uccidere un uomo messo in carcere senza più speranza e velleità per il proprio futuro è come uccidere un morto. Un concetto che anche Camus riprenderà nel suo scritto sulla pena di morte. *"Lui aveva ucciso qualcosa di vivo mentre essi avevano ucciso un morto"*. Inutile ricordare che lo stesso autore era stato rinchiuso a Reading Gaol nel Berkshire e dunque conosceva benissimo quanto accadeva dentro quelle mura. In qualche modo l'esperienza devastante della detenzione aveva profondamente cambiato lo scrittore inglese. Questo lo si era già intuito nell'opera precedente da lui intitolata *De Profundis*. Dell'uomo eccentrico, irriverente e snob non vi era più traccia. In qualche modo anche Wilde era morto lì dentro. Si spegnerà a Parigi solamente tre anni dopo. Nessuno poteva risarcire i

giorni di sofferenza che egli aveva patito. I detenuti di Reading sono fantasmi, proiezioni di corpi già morti in attesa della loro smaterializzazione fisica. Wilde definisce nel suo scritto la Giustizia come *"bieca"* perché uccide la speranza che alberga in ogni uomo e alimenta l'odiosa e infernale macchina di morte che è la pena capitale. Durante il periodo di detenzione Wilde si accostò alla religione e vi sono diversi riferimenti alla sofferenza di Cristo nelle opere che furono scritte lì dentro e subito dopo. Il condannato a morte descritto da Wilde, prima di venire assassinato dalla giustizia, indirizza il suo sguardo verso un lembo di cielo. Ad atterrire il lettore è il trattamento riservato al corpo del defunto. *"Lo spogliarono degli abiti di canapa, e lo diedero alle mosche; deridevano la sua gola gonfia e arrossata ed i suoi occhi duri e immobili, e sghignazzando ammassarono il lenzuolo dove il colpevole giaceva"*. Chi si è occupato di seppellire il corpo non ha avuto alcun rispetto del cadavere e lo derisero vigliaccamente come se ciò che avevano davanti era un fantoccio e non ciò che restava di un essere umano. In definitiva l'opera di Wilde commuove e fa riflettere perché è pervasa dalla sofferenza che il suo autore ha vissuto e respirato in prima persona.

* * *

Ma ritornando a Beccaria quello che connota negativamente un delitto grave è un crimine fatto alla nazione; e non l'intenzione di chi lo commette.

Difatti se il delitto commesso dal reo verso la dignità di un monarca, o un tiranno venga valutato in base al rango di appartenenza dell'offeso, i crimini di offesa contro il creatore andrebbero puniti con la morte[45].

In verità nessun uomo può arrogarsi il diritto di condannare a morte un proprio simile, e in special modo per quei presunti crimini contro l' "Essere degli Esseri", che spettano solo a quest'Ultimo giudicare.

Se ciò accadesse l'uomo si sostituirebbe a Dio dando vita ad una teoria negativa del giudizio.

Ma nella sua indagine Beccaria si accinge a classificare varie tipologie di delitti; una su tutte il crimine commesso verso la società.

"Gli attentati dunque contro la sicurezza e libertà dei cittadini sono uno de' maggiori delitti, e sotto questa classe cadono

---

[45] Cfr. C. Beccaria, *Dei delitti e delle pene*, cit., p.26

non solo gli assassini e i furti degli uomini plebei, ma quelli ancora dei grandi e dei magistrati, l'influenza dei quali agisce ad una maggiore distanza e con maggiore vigore, distruggendo nei sudditi le idee di giustizia e di dovere, e sostituendo quella del diritto del più forte, pericoloso del pari in chi lo esercita e in chi lo offre"[46].

Questo ci chiarisce che Beccaria operava una distinzione tra legge morale (essenza primigenia dell'uomo) che punisce persino le più elementari intenzioni, e la norma giuridica che non deve in alcun modo arrogarsi di tale diritto.

Difatti le leggi: *"Mantengono la loro reputazione non in quanto giuste ma in quanto leggi: il loro credito nasce dal fondamento mistico delle autorità. Non ne hanno altri. E questo gioca a loro vantaggio. Spesso queste leggi sono elaborate da stupidi e, ancor più frequentemente, da persone che, per odio verso l'eguaglianza, mancano di equità, in ogni caso sempre da uomini, legislatori incerti e di dubbio valore.*

Non vi è nulla di così pesantemente, fortemente errato come le leggi: né di fallacia così ripetitiva"[47].

---

[46] Ivi, p.28
[47] M. E. de Montaigne, *Dizionario della saggezza*, Tascabili economici Newton, Roma 1994, pp. 60-61.

Sono passati cinquecento anni da queste riflessioni e ancor oggi mi appaiono di una freschezza e di un'autenticità stupefacente.

Quando leggiamo le critiche di Beccaria e di Montaigne non dobbiamo mai perdere di vista il fatto che loro stessi erano avvocati, ovvero coloro che esercitavano quotidianamente l'arte di applicare le leggi.

Pertanto le "accuse" al sistema giudiziario non provengano da uomini che osservano dall'esterno l'incostanza delle leggi; ma da esponenti interni all'apparato giuridico.

Ed è proprio da un uomo di legge come Cesare Beccaria che giungono delle profonde perplessità sulla legittimità della pena di morte:

"La morte è ella una pena veramente utile e necessaria per la sicurezza e pel buon ordine della società? La tortura e i tormenti sono eglino giusti, e ottengon eglino il fine che si propongono le leggi? Qual è la miglior maniera di prevenire i delitti? Le medesime pene sono elleno egualmente utili in tutt'i tempi?".[48]

---

[48] C. Beccaria, *Dei delitti e delle pene*, cit., p. 30.

Infatti: *"Una convivenza fondata soltanto su rapporti di forza non è umana. In essa infatti è inevitabile che le persone siano coartate o compresse, invece di essere facilitate e stimolate a sviluppare e perfezionare se stesse"*[49].

Proprio per questo Cesare Beccaria si accorse che per tutelare un individuo dagli abusi di potere delle autorità preposte, bisognava stabilire che: *"il fine delle pene non è di tormentare ed affliggere un essere sensibile, né di disfare un delitto già commesso [...] Il dunque non è altro che d'impedire il reo dal far nuovi danni ai suoi cittadini e di rimuovere gli altri dal farne uguali"*.[50]

Questo infatti rappresentò una novità assoluta nel pensiero filosofico - giuridico del tempo.

Beccaria si accorse che scopo della punizione non era il dolore da infliggere al reo, ma il persuaderlo a non commettere altri crimini.

Di certo questo non si otteneva con i mezzi di tortura né tanto meno con la morte[51].

---

[49] G. XXIII, *Pacem in Terris*
[50] C. Beccaria, *Dei delitti e delle pene*, cit., pp. 30-31.
[51] Si consiglia la lettura di E. A. Poe, *Il pozzo e il pendolo* in *Racconti*, Bur, Milano 1980, pp. 216-232

Beccaria aveva inteso la sostanziale differenza che intercorre fra "errore" e "errante".

"L'errante è sempre ed anzitutto un essere umano e conserva, in ogni caso, la sua dignità di persona; e va sempre considerato e trattato come si conviene a tanta dignità. Inoltre in ogni essere umano non si spegne mai l'esigenza, congenita alla sua natura, di spezzare gli schemi dell'errore per aprirsi alla conoscenza della verità" [52] .

Proprio per tale motivo chi esercita l'autorità giudiziaria non deve mai in alcun modo perdere di vista che un uomo è sempre un uomo anche se commette il più grave dei misfatti.

Poiché un: *"uomo non può chiamarsi reo prima della sentenza del giudice"* [53] .

---

[52] G. XXIII, *Pacem in terris*
[53] C. Beccaria, *Dei delitti e delle pene*, cit., p.34.

*   *   *

"Io odio crudelmente la crudeltà sia per inclinazione naturale che con la ragione, e la considero il più grave di tutti i vizi dell'uomo"[54].

Nel corso della storia l'uso della tortura fu il mezzo più efficace per estorcere al condannato confessioni di inequivocabile falsità. Ne è un fulgido esempio il celebre *Osservazioni sulla tortura* di Pietro Verri. All'interno si trovano riportati alcuni fatti e processi descritti nei minimi particolari e con assoluta ferocia.

Poiché: *"non vale la confessione fatta durante la tortura se non è confermata con giuramento dopo cessata quella, ma se il reo non conferma il delitto è di nuovo torturato"*[55].

Il condannato al supplizio del dolore fisico come stiramenti delle membra, ustioni, lacerazioni e escoriazioni varie, pur di non sopportare più la sofferenza corporea sarebbe disposto a confessare non solo quello che non ha commesso ma persino aneddoti fantastici come quello di essere ad esempio uno stregone, cioè un seguace del maligno.

---

[54] M. E. de Montaigne, *Dizionario della saggezza,* cit., p. 42.
[55] C. Beccaria, *Dei delitti e delle pene*, cit., p. 37

Questo assurdo e tragico metodo di punizione ha come unico fine quello di ottenere ammissioni di colpa totalmente false.

In questo modo: *"l'innocente non può che perdere e il colpevole può guadagnare"*[56]; poiché in tal modo l'innocente torturato a sangue confesserà un crimine mai commesso, mentre il vero colpevole sarà libero di vivere impunito[57].

Quindi tormentare con il dolore fisico colui che si presume essere colpevole di un delitto, non favorisce in alcun modo il trionfo della giustizia e della verità.

"L'autorità che si fonda solo o principalmente sulla minaccia o sul timore di pene o sulla promessa e attrattiva di premi, non muove efficacemente gli esseri umani all'attuazione del bene comune; e se anche, per ipotesi, li movesse, ciò non sarebbe conforme alla loro dignità di persone, e cioè di, esseri ragionevoli e liberi. L'autorità è, soprattutto, una forza morale; deve, quindi, in primo luogo, fare appello alla coscienza, al dovere cioè che ognuno ha di portare volonterosamente il suo contributo al bene di tutti"[58].

---

[56] Ibid
[57] A questo proposito si consiglia la lettura del libro di: A. Manzoni, *Storia della colonna infame*
[58] G. XXIII, *Pacem in terris*,

* * *

Vorrei spendere qualche considerazione sulla questione storica dell'Inquisizione, poiché sono stati scritti numerosi testi più o meno autorevoli; e in alcuni casi addirittura si è voluto ad ogni costo trattare la tematica con una politica tendenziosa e di parte, che vorrebbe per l'appunto considerare i misfatti cristiani compiuti nella storia come delle semplici fiabe nere nate dall' immaginario anticlericale più fervido. Nell'opera di Rino Camilleri *Storia dell'Inquisizione*, si può leggere che: *"la storia dell'Inquisizione, infatti, è ben diversa, come ben sanno gli specialisti accademici che hanno ormai da tempo sfatato la "leggenda nera"gravante su quell'istituzione ecclesiastica e ne hanno notevolmente ridimensionato l'immagine. Nessuno storico serio oggi oserebbe riproporre modelli stantii e superati [come quelli descritti dall'autore nelle pagine precedenti alla nostra citazione n.d.r] ma che ancora popolano l'immaginario popolare"*[59].

Rino Camilleri addirittura nega la ferocia dei tribunali religiosi dell'inquisizione giustificandone, a margine, le motivazioni che a parer suo sono legittime quanto ponderate.

---

[59] R. Camilleri, *Storia dell'Inquisizione*, Tascabili Economici Newton, Roma 1997, p. 10.

68

Inoltre nel suddetto libro si afferma in riferimento al filosofo Giordano Bruno che: *"l'incidenza del suo pensiero fu sempre praticamente nulla; il suo nome venne riesumato solo in chiave polemica nel tardo Illuminismo e, soprattutto, nella fase più acuta dell'anticlericalismo risorgimentale [...] Ma di fronte alla sua ostinazione (egli tergiversava, sostenendo che i giudici non avevano ben compreso il suo pensiero) il tribunale perse la pazienza e lo abbandonò al braccio secolare il 17 febbraio del 1600 [...] In ogni caso, non si tratta certo di una pietra miliare della filosofia occidentale: Giordano Bruno è ricordato solo per la sua condanna, e basta"*[60]. Camilleri per altro utilizza la semplicistica ripartizione del bene e del male in buoni e cattivi. Così nella sua analisi viene fuori che l'Inquisizione cattolica era legittimamente motivata nel promulgare sentenze discutibili mentre l'Inquisizione protestante era pervasa da un' inaudita ferocia e da motivazioni insensate. Nel retro di copertina si legge addirittura che il *mea culpa* sui crimini storici della Chiesa cattolica compiuto da papa Giovanni Paolo II è da considerarsi ingiustificato e soprattutto fuori luogo data l'insussistenza di prove a carico del

---

[60] R. Camilleri, *Storia dell'Inquisizione*, cit., pp. 62-63.

ͻ

tribunale della fede meglio nota come Inquisizione. Stessa tattica utilizzata dalla commissione teologica internazionale presieduta dall'allora cardinale Ratzinger. Nel documento *Memoria e riconciliazione: la Chiesa e le colpe del passato* si legge dello: *"sconcerto dei fedeli davanti alla proposta del pontefice ed evidenziando i vantaggi che tale richiesta di perdono potrebbe offrire ai detrattori. La frase più dura, che suona come sconfessione, si ha nelle conclusioni del capitolo dedicato alla ricerca dei fondamenti biblici: «Da quanto detto si può concludere che l'appello rivolto da Giovanni Paolo II alla Chiesa perché caratterizzi l'anno giubilare con un'ammissione di colpa per tutte le sofferenze e le offese di cui i suoi figli sono stati responsabili nel passato, così come la prassi ad esso congiunta, non trovano un riscontro univoco nella testimonianza biblica»"*[61].

Stando a quanto sopra esposto le scuse di papa Wojtyla - secondo le frange estremiste e conservatrici della chiesa – vennero definite ingiustificabili razionalmente, ma accettabili soltanto inquadrandoli come vaneggiamenti senili di un pontefice di santa Romana Chiesa.

---

[61] Anonimo, *Contro Ratzinger*, Isbn Edizioni, Milano 2006, p. 77.

Il documento sulle colpe del passato voluto per l'appunto da papa Wojtyla suscitò sgomento ed entusiasmo. La prima domanda che ci si pone dopo la lettura di tale documentazione è: Su chi ricade la colpa commessa nei secoli precedenti? *"La richiesta di perdono non è rivolta soltanto a Dio, ma ricade su «gruppi umani attuali»: dunque, si presuppone l'esistenza di «gruppi umani attuali», oltre che inevitabilmente di gruppi e individui del passato, ai quali occorre rivolgersi manifestando il proprio pentimento e la propria richiesta di perdono in quanto eredi identificabili – eredi istituzionali, si potrebbe dire – di coloro verso i quali, in tempi e luoghi diversi, «membri della Chiesa» del passato hanno rivolto forme di «violenza e di intolleranza». Tale presupposto non è di poco peso [...] Certo, il documento Riconciliazione e memoria, a ragione, sostiene che «il male fatto spesso sopravvive a chi l'ha fatto attraverso le conseguenze dei comportamenti, che possono diventare un fardello pesante sulla coscienza e la memoria dei discendenti»"*[62]. Dunque, a mio avviso, la scelta dell'ormai San Giovanni Paolo II fu più che giusta.

---

[62] G. G. Merlo, *Inquisitori e Inquisizione del Medioevo*, Il Mulino, Bologna 2008, p. 144.

* * *

"Rifiutarsi di partecipare a commettere un'ingiustizia è non solo un dovere morale, ma è anche un diritto umano basilare.

Se così non fosse, la persona umana sarebbe costretta a compiere un'azione intrinsecamente incompatibile con la sua dignità e in tal modo la sua stessa libertà, il cui senso e fine autentici risiedono nell'orientamento al vero e al bene, ne sarebbe radicalmente compromessa".[63]

L'uomo si distingue dalla semplice bestia per via del proprio apparato critico, che lo mette in condizione tale da capire quando l'azione che gli viene richiesta di compiere è moralmente o non moralmente lecita.

Partendo da questo presupposto non esistono alibi di nessun genere che giustifichino l'attuazione della pena di morte verso un uomo.

Pertanto la pena di morte diventa: *"una guerra della nazione con un cittadino, perché giudica necessaria o utile la distruzione del suo essere."*[64]

---

[63] G. Paolo II, *Evangelium Vitae*, Libreria Editrice Vaticana 1995, pp. 109-110.
[64] C. Beccaria, *Dei delitti e delle pene*, cit., p. 47.

In verità nessun individuo ha la facoltà di decidere della vita o della morte del proprio simile; ciò nondimeno si può ricorrere ad una Autorità che decida la pena da infliggere al reo per il crimine commesso.

Lo sconcerto provato da Beccaria per l'enorme apparato spettacolare che attornia le esecuzioni capitali, lo induce ad una notevole riflessione, detta anche regola generale:

"Le passioni violenti sorprendono gli uomini, ma non per lungo tempo [...] La pena di morte diviene uno spettacolo per la maggior parte e un oggetto di compassione mista di sdegno per alcuni"[65].

Questo ci chiarisce che la pena di morte ha un effetto immediato per impressionare gli animi, ma successivamente tende a perdere di efficacia, rendendo praticamente nulla la sua applicazione.

Quello che rende ancor più inefficace e brutale tale metodo punitivo è che: *"non è l'intensione della pena che fa il maggior effetto sull'animo umano, ma l'estensione di essa; perché la nostra sensibilità è più facilmente e stabilmente mossa da*

---

[65] Ivi, p.48.

minime ma replicate impressioni che da un forte ma passeggero movimento"[66] .

Quindi ancora una volta viene ribadito da Beccaria la totale e assoluta infondatezza del diritto di uccidere un reo per debellare le ingiustizie del mondo.

In verità Beccaria si accorse che quello che spaventa ancor più un uomo non è la perdita della vita, ma rinunciare alla propria libertà; come ad esempio l'essere ridotto in schiavitù e imprigionato in un carcere [67].

Partendo da questo assunto il nostro autore traccia una sorta di riflessione psicologica che induce l'autorità legislativa a non applicare più la pena di morte come mezzo di purificazione sociale.

Il filosofo deve elevare alta la sua voce contro un simile abominio anche se: " *è troppo debole contro i tumulti e le grida di tanti che son guidati dalla cieca consuetudine, ma i pochi saggi che sono sparsi sulla faccia della terra mi faranno eco nell'intimo de'loro cuori*"[68] .

---

[66] C. Beccaria, *Dei delitti e delle pene*, cit., p. 47.
[67] Cfr. Ibid
[68] C. Beccaria, *Dei delitti e delle pene*, cit., p. 51.

L'accorato appello che Beccaria rivolse agli uomini del suo tempo sembrò cadere nel vuoto dato che molte furono le proposte avanzate ma vane le applicazioni.

Victor Hugo ci racconta di come nel 1830: *"fu fatto un tentativo per trasformare in realtà legale la sublime utopia di Cesare Bonesana"*[69].

Una realtà legale che come spiegato nel primo capitolo trovò ascolto soltanto nel ducato di Toscana, mentre a Milano e oltre si continuava ancora ad uccidere le persone.

Ma in realtà: *"la natura umana non è una macchina da costruire sulla base di un modello e da predisporre in modo che compia puntualmente il compito prescrittole, ma un albero che ha bisogno di crescere e svilupparsi in ogni direzione secondo le tendenze delle forze interiori che lo rendono un essere vivente"*[70].

Affinché quest'albero si sviluppi, cresca e possa dare i suoi frutti, necessita inevitabilmente di cure speciali.

L'uomo, accostato da Mill ad un albero, ha davvero bisogno di redimersi e non di essere potato, eliminato.

---

[69] V. Hugo, *L'ultimo giorno di un condannato a morte*, cit., p. 16
[70] J.S. Mill, *Sulla libertà*, cit., p. 191

Con la pena di morte cessano di esistere i diritti fondamentali dell'individuo, e in tal modo non esiste alcuna possibilità di purificazione per le colpe commesse.

Beccaria difatti propose subito un reinserimento del reo nella società; poiché la pena detentiva deve migliorare l'uomo e sviluppare nell'individuo un desiderio di rinascita che deve essere impiegato per la vita in società.

Pertanto il carcere diventa un modo per poter espiare le proprie colpe e per evitarne delle altre. Lo scrittore confidava in un'applicazione di legge che tendeva ad educare l'individuo per un nuovo reinserimento nella vita sociale.

* * *

Cesare Beccaria è favorevole alla prevenzione dei delitti.

Ciò avviene scrivendo leggi sempre più chiare, *"semplici, e che tutta la forza della nazione sia condensata a difenderle, e nessuna parte di essa impiegata a distruggerle.*

Fate che le leggi favoriscano meno le classi degli uomini stessi. Fate che gli uomini le temano, e temano esse sole"[71]; in

---

[71] C. Beccaria, *Dei delitti e delle pene*, cit, p. 66.

tal modo impareranno a rispettare le leggi e non a temere le conseguenti punizioni.

Interessante l'opinione - riportata da Cavara - del marchese De Sade che diceva: *"essendo l'uomo votato per sua essenza all'omicidio, stabilire con la legge l'atto di soppressione del crimine è una operazione contro natura. «La legge che attenta alla vita di un uomo è impraticabile, ingiusta, inammissibile»"[72]*.

Quanto detto da De Sade ci porta all'amara conclusione che il: *"criminale, irrecuperabile alla giustizia, oscuro e terribile, dannato in una realtà duplice e senza scampo, è, per di più, un soggetto astratto e incomprensibile.*

La sua conoscenza è vana, dal momento che la guarigione non è data; non rimane che ucciderlo.

L'unica vera utilità è data dal metodo soppressivo integrale"[73].

Da ciò si deduce facilmente che le proposte avanzate da Beccaria non trovarono subito larghi consensi, ma addirittura

---

[72] P. Cavara, *Il diritto di uccidere nella Rivoluzione dei diritti*, Rubbettino, 1998, p. 110.
[73] Ivi, p. 113.

fu accusato dagli intellettuali dell'epoca di aver "favorito" l'utilizzo della pena di morte[74].

Quindi anche il suo *Dei delitti e delle pene* fu strumentalizzato per assurdi giochi di potere.

Scopo dell'opera di Beccaria, come ci confessa egli stesso nelle ultime pagine del suo libro, è che affinché: *"ogni pena non sia una violenza di uno o di molti contro un privato cittadino, dev'essere essenzialmente pubblica, pronta, necessaria, la minima delle possibili nelle date circostanze, proporzionata a'delitti, dettata dalle leggi"*[75].

Difatti in tutto il suo opuscolo egli evidenzia come la pena di morte non possa essere definita necessaria per la salute del bene pubblico.

---

[74] *"C'è persino da dubitare che il famoso opuscolo del Beccaria sia stato interpretato in senso umanitario e rivoluzionario. Anche ammettendo lo sdegno di quest'ultimo per le pene eccessive e crudeli, niente avrebbe impedito di pensare che egli fosse dominato da una mentalità utilitaristica forse odiosa, ma indispensabile alla ragion di Stato [...] Non negando in assoluto la pena di morte, Beccaria sembra abbia fornito una ragione in più a favore della sua semplice applicazione, assicurando ai rivoluzionari la supremazia, e ai cittadini governati la sicurezza di sentirsi ben protetti"*. Ivi, pp.114-115.
[75] C. Beccaria, *Dei delitti e delle pene*, cit., p.70.

Al limite Beccaria ipotizza che la pena capitale può servire ad uno Stato debole che vuole sopravvivere agli attacchi, ma compito dello Stato è quello di tutelarsi garantendo, a sua volta, i diritti dei cittadini.

Soltanto dimostrando la propria grandezza uno Stato autoritario, può condannare il reo ad una pena minima da scontare. In tal modo lo Stato si eleverà al di sopra delle parti.

*   *   *

In ultima analisi Beccaria apre una piccola polemica contro la Chiesa Cattolica che condanna il suicidio, ma tollera la pena di morte.

In tal modo è dimostrato un grosso controsenso[76].

Un controsenso che si è verificato persino ai nostri giorni quando negli anni novanta durante la stesura del nuovo catechismo della Chiesa Cattolica fu stabilito dall'allora Prefetto della dottrina della fede, Joseph Ratzinger (oggi papa Emerito Benedetto XVI) un mancato ammonimento e richiamo

---

[76] Cfr. C. Beccaria, *Dei delitti e delle pene*, cit., pp. 56-58.

alle nazioni aventi la pena capitale, come mezzo di "risanamento civile". In quel testo non si fece alcun riferimento ad una totale e progressiva eliminazione di tale barbarie; ma addirittura vi si può leggere una vera e propria giustificazione della pena di morte[77].

Rimanendo in tema di controsensi vorrei spendere qualche considerazione sull'ambiguità di alcune affermazioni di Beccaria.

---

[77] Ci riferiamo più precisamente all'articolo n. **2267** del nuovo Catechismo della Chiesa Cattolica, che recita così: *"L'insegnamento tradizionale della Chiesa non esclude, supposto il pieno accertamento dell'identità e della responsabilità del colpevole, il ricorso alla pena di morte, quando questa fosse l'unica via praticabile per difendere efficacemente dall'aggressore ingiusto la vita di esseri umani.*
Se, invece, i mezzi incruenti sono sufficienti per difendere dall'aggressore e per proteggere la sicurezza delle persone, l'autorità si limiterà a questi mezzi, poiché essi sono meglio rispondenti alle condizioni concrete del bene comune e sono più conformi alla dignità della persona umana.
Oggi, infatti, a seguito delle possibilità di cui lo Stato dispone per reprimere efficacemente il crimine rendendo inoffensivo colui che l'ha commesso, senza togliergli definitivamente la possibilità di redimersi,
i casi di assoluta necessità di soppressione del reo « sono ormai molto rari,
se non addirittura praticamente inesistenti » (Evangelium Vitae)."
Tratto dal *Compendio Catechismo della Chiesa Cattolica*: http://www.vatican.va/archive/catechism_it/p3s2c2a5_it.htm

In *Dei delitti e delle pene* egli equipara a delitti: l'omosessualità, l'adulterio, etc.

Mentre il secondo viene da lui ampiamente giustificato in quanto è nella natura dell'uomo avere un forte desiderio sessuale che lo spinge fra le braccia di altre donne, l'omosessualità non trova in lui nessuna spiegazione[78].

Per quanto nel corso delle mie indagini mi sia soffermato attentamente sul lavoro illuminante di Cesare Beccaria, queste sue affermazioni mi lasciano alquanto perplesso; poiché dopo avere elencato i diritti fondamentali dell'uomo in tutta la sua opera, Beccaria si pronuncia in maniera così poco ortodossa sul problema dell'omosessualità, o per dirlo con parole sue sulla *greca libidine*, mettendo in mostra il proprio credo cattolico che durante il settecento bollava questa inclinazione sessuale come opera del maligno.

Considerazione che dopo trecento anni la Chiesa, se pur in maniera del tutto diversa, ha continuato a mantenere.

"Con l'elezione di Benedetto XVI, il giudizio sull'omosessualità della Chiesa è mutato in modo sottile e radicale [...] La condanna di Joseph Ratzinger

---

[78] Cfr. C. Beccaria, *Dei delitti e delle pene*, cit., p. 55.

dell'omosessualità riformula in linguaggio filosofico l'antico adagio cattolico il quale l'omosessualità sarebbe contro natura.[...] A partire dalla lettera pastorale Homosexualitatis problema del 1986, Ratzinger non fa che declinare lo stesso concetto: «È impossibile accettare la condizione omosessuale come se non fosse disordinata»"[79].

Tali affermazioni ci fanno comprendere come l'omosessualità sia stata trattata e dibattuta dal magistero della Chiesa cattolica con estrema ignoranza e retriva superficialità. Questo per evitare di affrontare con intelligenza la questione che di per sé non contempla risposte altrettanto difficili da formulare; difatti per Benedetto XVI: *"espellendo l'omosessualità nel «disordine», quindi al di fuori della sfera della razionalità divina, le vere domande possono non essere pronunciate e le risposte nemmeno cercate. Attraverso la sentenza «disordine oggettivo», Ratzinger può tranquillamente evitare di chiedersi che ruolo abbia l'omosessualità nel disegno di Dio e perché Dio la permetta"[80].*

Lo stesso papa Ratzinger sostenne nel messaggio per la pace del 1 gennaio 2012 che le unioni fra le persone dello stesso

---

[79] Anonimo, *Contro Ratzinger*, Isbn Edizioni, Milano , p. 119.
[80] Ibid, p. 121.

sesso erano da considerarsi addirittura: *"un'offesa contro la verità della persona umana e una ferita grave inflitta alla giustizia e alla pace"*. Dopo la sua rinuncia come pontefice e l'elezione di papa Francesco il 13 marzo del 2013 le cose sono notevolmente cambiate. A tal proposito è bene aprire una breve parentesi.

* * *

Dopo l'abdicazione di Benedetto XVI al soglio di Pietro, a ricoprire questa carica è stato chiamato dall'Argentina, Jorge Mario Bergoglio, arcivescovo di Buenos Aires. La sua elezione come il primo papa latinoamericano della storia nonché primo pontefice gesuita e il primo a scegliere per il suo ministero il nome del poverello d'Assisi, Francesco, ha destato stupore e ammirazione nel cuore dei fedeli di tutto il mondo ma anche nei non credenti. Uomo diretto, che ama rivolgersi al popolo con un linguaggio semplice che ricorda molto un altro papa da lui stesso canonizzato, Giovanni XXIII. Nel libro *Jorge Bergoglio. Papa Francesco. Il nuovo Papa si racconta (Ed. Salani)* Bergoglio afferma: *"Il fatto è che in generale le culture fanno progressi nell'assimilare la coscienza morale.*

Questo non significa che sia la morale a cambiare. La morale non cambia, la portiamo dentro di noi e il comportamento etico fa parte del nostro essere. Significa solo che lo manifestiamo meglio. Per esempio, ora si ha una crescente consapevolezza dell'immoralità della pena di morte. Prima si sosteneva che la Chiesa cattolica fosse favorevole o che, quanto meno, non la condannasse, mentre l'ultima versione del catechismo chiede, in pratica, che venga abolita. In altre parole si è acquisita una maggiore consapevolezza che la vita è talmente sacra che neppure un crimine tremendo può giustificare la pena di morte" (p. 83).

Nei giorni precedenti alla sua elezione Bergoglio aveva scritto che il nuovo papa doveva essere in grado di apportare sostanziali cambiamenti alla Chiesa. In una conversazione con il rabbino Skorka disse: *"La semplice colpa appartiene al mondo dell'idolatria. È un ulteriore espediente umano. La colpa senza riparazione, non mi fa crescere"*[81]. Il 18 novembre 2013 durante l'omelia nella casa Santa Marta Bergoglio ha affermato: *"Le condanne a morte sono sacrifici umani. Voi pensate che oggi non si facciano, i sacrifici umani? Se ne*

---

[81] J. Bergoglio, A. Skorka, *Il cielo e la terra*, Mondadori, Milano 2013, p. 68.

fanno tanti, tanti. E ci sono delle leggi che li proteggono".

Anche se in Vaticano la pena di morte è stata ufficialmente abolita nel 1971 da Paolo VI, grazie a Bergoglio scompare anche la pena dell'ergastolo per qualsiasi reato. La norma è stata sostituita con una reclusione dai 30 a 35 anni. Papa Francesco ha dimostrato di essere un pontefice umanamente coinvolto nei problemi della gente, infatti, nel febbraio del 2014 ha incontrato in Vaticano Lidia Guerrero, la mamma di un ragazzo di 39 anni, Víctor Hugo Saldaño, detenuto nel braccio della morte in Texas da ben 17 anni. In questo caso la Corte Suprema di giustizia americana ha emesso una sentenza in suo favore in cui si è stabilito che il processo di Saldaño è stato "viziato a livello processuale" a causa di pregiudizi legati a discriminazione razziale. Nel luglio 2014 papa Francesco incontra Meriam Yahia Ibrahim Ishag, la giovane donna cristiana accusata di apostasia per non aver rinunciato alla sua fede in Cristo e di conseguenza condannata a morte pur essendo all'ottavo mese di gravidanza. Tutta l'opinione pubblica mondiale si è mobilitata in suo favore e la donna ha voluto incontrare il papa che aveva pregato per la sua imminente scarcerazione. Meriam ha ricevuto 100 frustrate e la condanna a morte solamente per aver sposato un cristiano.

Soltanto il 23 giugno il tribunale sudanese ha liberato Meriam dal carcere e poi fermata nuovamente all'ereoporto con il marito e i figli per futili motivi. Fortunatamente adesso la donna si trova libera e vive in America.

Per quanto riguarda il tema dell'omosessualità papa Francesco: *"Da arcivescovo egli andava a trovare preti sposati, battezzava i bambini anche se i genitori non avevano seguito corsi preparatori nelle parrocchie, era vicino ai divorziati che non volevano sentirsi fuori dalla chiesa, incontrava persone omosessuali. «Dio ama gli omosessuali», diceva a Marcelo Márquez, teologo cattolico argentino e attivista del movimento gay. Márquez ha raccontato che l'arcivescovo non ha mai rifiutato il confronto: una volta gli telefonò nemmeno un'ora dopo aver ricevuto una sua lettera aperta consegnata a mano, ma Bergoglio non fece mai alcuna concessione verso il matrimonio fra persone dello stesso sesso"*[82].

[82] S. Filippi, *La vera storia di papa Francesco*, Barbera Editore, Siena 2013, pp. 125-126.

Il 28 luglio 2013 durante il suo viaggio di ritorno da Rio de Janeiro Francesco ha detto: *"Se una persona è gay e cerca il Signore, e ha buona volontà, chi sono io per giudicarla?"*[83].

* * *

Anche se l'omosessualità nell'Occidente non è punibile con la pena di morte, a parte la Russia di Putin che nega manifestazioni in favore della comunità LGBT con il carcere, in alcuni paesi civilizzati e democratici si adotta una metodologia infima e insidiosa che tende a scalfire e a denigrare la dignità di coloro i quali sentono l'esigenza di confrontarsi con la società e i suoi continui cambiamenti.

Pertanto mi è sembrato doveroso discutere se pur brevemente di alcune considerazioni di Beccaria che, a parer mio, rimangono purtroppo un sintomo di malessere di una società tanto votata alla dea Ragione, e tanto chiusa e pregiudizievole contro le minoranze e i diversi.

---

[83] Per ulteriori informazioni si consiglia la lettura del libro di C. Porcino, *6 canzoni contro l'omofobia e la violenza sulle donne*, Lulu Edition, 2013, pp. 37-38.

"L'esistenza di una maggioranza implica logicamente una minoranza corrispondente"[84].

Una minoranza che nella maggior parte dei casi oggi gode teoricamente della "protezione" dei trattati internazionali sui diritti umani, ma nella realtà trova grosse difficoltà di esistere.

Bisogna sapere che l'omofobia è molto diffusa nel mondo e addirittura in sei paesi come: Cecenia, India, Arabia Saudita, Sudan, Mauritania e Iran è punita tramite pena di morte[85].

Ma se i paesi con religione musulmana stentano ad accettare la libertà sessuale di alcune persone, i paesi di religione cristiana punivano con duri anni di carcere l'omosessualità.

Nel Regno Unito, ad esempio, le *sodomy laws* furono eliminate nel'67 in Inghilterra e Galles, nell'80 in Scozia, nell'82 in Irlanda del Nord.

Ma le ex colonie britanniche come l'India[86] ancora oggi adottano la pena di morte per punire la sodomia come crimine utilizzando la legge inglese ereditata nel 1861.

---

[84] P.K. Dick, *Rapporto di minoranza e altri racconti*, Fanucci editore, Roma 2002, p. 46.
[85] http://domenicobottari.altervista.org/societa/mortegay.htm
[86] http://www.nationalgeographic.it/popoli-culture/2013/12/12/news/dove_essere_gay_un_reato-1929220/

Per quanto possa sembrare incredibile in Italia l'omosessualità non era sanzionata nemmeno dal codice Rocco, ma nella cruda realtà dei fatti venne perseguitata con fervore fascista perché la si considerava come un' attentato ideologico e fisico al mito della virilità ariana.

Per quanto si parli a lungo della dignità dell'uomo nella realtà è ben difficile aver riconosciuta la libertà sessuale; ne sanno qualcosa gli scrittori Oscar Wilde, Reynaldo Arenas, Pier Paolo Pasolini, etc.

Ma il vero compito della società è quello di: *"rispettare, difendere e promuovere la dignità di ogni persona umana, in ogni momento e condizione della sua vita"*[87]; e non perseguitare invece la diversità delle minoranze, né con la morte, né con punizioni di alcun genere.

Poiché: *"la vita è sempre un bene. È, questa una intuizione o addirittura un dato di esperienza, di cui l'uomo è chiamato a cogliere la ragione profonda"*[88].

---

[87] G. Paolo II, *Evangelium Vitae*, cit., p.117.
[88] Ivi, p.49.

* * *

Voltaire legge *Dei delitti e delle pene* ancor prima che venga tradotto in francese.

Proprio durante la lettura decide di stendere un breve commento a tale opera.

Il commento volterriano nasce infatti da un desiderio spontaneo di dire la propria opinione su un trattato - *Dei delitti e delle pene* - a parer suo incisivo e splendido, una sorta di "medicina" per alleviare i mali[89].

Il suo commento è composto da ventitre brevi capitoletti in cui si scopre un unico filo conduttore che li lega tra di loro; ovvero l'abuso di potere delle istituzioni ed in particolar modo della Chiesa cattolica e delle religioni in generale.

Il primo caso, commentato da Voltaire, come ho accennato nel primo capitolo, riguardava l'uccisione di una donna che aveva partorito in segreto un bimbo, ed era stata costretta dalle circostanze ad abbandonare il bambino nella speranza che qualcuno lo avrebbe trovato e donato un futuro migliore.

---

[89] Cfr. Voltaire, *Commento all'opera Dei delitti e delle pene*, Tascabili economici Newton, Roma 1994, p.71.

Il bimbo sfortunatamente morì e alla madre fu riservata la stessa sorte, cioè la forca.

A questo punto Voltaire si interroga su come possa essere stata lasciata sola una povera donna in balia dello sconforto e dei pregiudizi di persone che se avessero saputo prima della sua gravidanza, l'avrebbero abbandonata in anticipo al proprio destino di morte.

In tutto il commento Voltaire invita gli uomini ad una maggiore tolleranza.

Devo però ammettere che questa parola a me non è mai piaciuta; la tolleranza implica la sopportazione di un individuo ed è un concetto che al giorno d'oggi può essere considerato obsoleto e riduttivo[90].

Anche se per Voltaire il termine tolleranza indica il rispetto delle diversità, dalle potenziali minacce e non una semplice e tacita sopportazione.

"Che cos'è la tolleranza? L'appannaggio dell'umanità. Noi siamo tutti impastati di debolezze e di errori; perdoniamoci

---

[90] Per maggiori informazioni si consiglia la lettura del testo: M. Laura Lanzillo, *Tolleranza*, Il Mulino, Bologna 2001

reciprocamente le nostre sciocchezze, è la prima legge di natura"[91].

L'incredulità con la quale Voltaire si accinge a commentare l'opera di Beccaria ci dimostra di come questi fosse più che coinvolto per la battaglia a favore dei diritti umani iniziata dall'autore di *Dei delitti e delle pene*.

Ma come detto prima Voltaire nella sua intera opera filosofica e non meno in questo breve commento cerca di smantellare la morale ipocrita per far posto alla ricerca del vero.

Una ricerca del vero che spesso è ostacolata dalla religione che tenta di impadronirsi dei mezzi per raggiungerla.

Difatti egli sostiene che: *"la religione è uno scambio tra Dio e l'uomo; la legge civile, tra voi e il vostro popolo"*[92].

Uno scambio che non può tollerare l'abuso di una determinata autorità come ad esempio quella di San Luigi IX re di Francia.

Questi stabilì che la pena da infliggere a coloro i quali si fossero macchiati di blasfemia sarebbe stato un atroce supplizio.

"Il supplizio cui egli li condannava era nuovo: doveva venir loro bucata la lingua con un ferro arroventato. Si trattava di

---

[91] Voltaire, *Dizionario filosofico vol. II*, Rizzoli, Milano 1979, p. 408.
[92] Voltaire, *Commento all'opera Dei delitti e delle pene, cit.*, p.75

una sorta di taglione: il membro che aveva peccato ne subiva la pena"[93].

Con la pungente satira che connota le sue opere, Voltaire si lancia anche in delle clamorose frecciatine ai "santi" della Chiesa cattolica come il già citato Luigi IX.

Non si può in nome di Dio uccidere, torturare, coloro che offendono il Suo santissimo nome; ma tuttavia la legge deve partire da un presupposto:

"Ho offeso Dio; sì, senza dubbio, e in modo molto grave. Comportatevi con lui come Dio stesso. Se fa penitenza, Dio lo perdona. Imponetegli una pesante penitenza, e perdonatelo [...] Come dice l'assennato autore dei Delitti e delle pene, è assurdo che un insetto si illuda di vendicare l'Essere Supremo"[94].

Voltaire infatti è convinto che: *"anche nel più orribile assassino, nel più turpe delinquente c'è una stilla, sia pure infinitesima, di morale perché Dio l' ha collocata nella natura dell'uomo*"[95].

---

[93] Ibid.
[94] Ivi, p.77.
[95] E. Scalfari, *Alla ricerca della morale perduta*, Rizzoli, Milano 1995, p.73.

Ma nella stesura del commento egli affronta una polemica rivolta proprio all'intolleranza religiosa e soprattutto a quella di Calvino verso i sobillatori del proprio Stato ideale[96].

Spese però anche delle parole di vero sdegno e disapprovazione per il fenomeno della persecuzione alla stregoneria.

"Chi è il persecutore? È colui il cui orgoglio ferito e il cui fanatismo furioso istigano il principe o i magistrati contro uomini innocenti, i quali non hanno altra colpa se non di avere opinioni diverse dalle loro"[97].

Una persecuzione tanto frequentata da coloro i quali si credono al di sopra del concetto di legge morale.

Ma: *"la morale è l'atto che si compie per condividere e render giustizia al patire altrui. L'atto si compie perché abbiamo dentro di noi un «qualche cosa» che ci spinge a compierlo, anzi ci obbliga; quest'atto non comporta nessuna utilità, nessun piacere al suo attore, salvo quello d'averlo compiuto e così d'essersi posto deliberatamente, volontariamente e liberamente al di sopra del sé"*[98].

---

[96] Cfr. Voltaire, cit., pp.78-80.
[97] Voltaire, *Dizionario filosofico*, cit., p. 348.
[98] E. Scalfari, *Alla ricerca della morale perduta*, cit., p. 65.

Infine Voltaire nel suo commento auspica un'applicazione giuridica tanto efficace quanto scevra dagli inganni della superbia e dell'arroganza, poiché: *"la spada della giustizia è nelle nostre mani; ma dobbiamo essere più inclini a spuntarla che ad affilarla"*[99].

Condividendo a pieno le affermazioni fatte da Beccaria, Voltaire non volle aggiungere altro sulla tortura e sulla pena di morte perché provò quasi una sorta di imbarazzo per *"aver parlato di questo argomento dopo quanto ne ha detto l'autore dei Delitti e delle pene. Ciò che è giusto ch'io faccia è limitarmi ad auspicare che l'opera di questo filantropo venga riletta sovente"*[100].

E anch'io mi accodo al desiderio espresso da un grande e illustre pensatore quale fu Voltaire.

---

[99] Voltaire, *Commento all'opera Dei delitti e delle pene,* cit., p. 83.
[100] Ivi, p. 85.

CAPITOLO TERZO

La pena di morte oggi: una riflessione etico - politica sulla natura umana.

Dall'anno in cui fu pubblicato *Dei delitti e delle pene*, la pena di morte è stata abolita da quasi tutti gli Stati europei occidentali; a differenza di altri paesi democratici, culturalmente evoluti come gli U.S.A che in molti dei suoi Stati continuano regolarmente ad applicarla.

Bisogna precisare che l'America è stata la prima nazione a credere e a lottare per l'affermazione di diritti quali libertà e uguaglianza, dato che all'epoca: *"Non ne parlavan neppure i rivoluzionari francesi, visto che la Rivoluzione Francese sarebbe incominciata nel 1789 ossia quindici anni dopo la Rivoluzione Americana che scoppiò nel 1776 ma sbocciò nel 1774. [...] Quell'idea[101] venne capita da contadini spesso analfabeti o comunque ineducati: i contadini delle tredici*

---

[101] L'idea a cui si riferisce la Fallaci è l'uguaglianza.

colonie americane. E perché venne materializzata da un piccolo gruppo di leader straordinari, da uomini di grande cultura e di grande qualità.

The founding fathers, i Padri fondatori [...] E fu con questi leader straordinari, questi uomini di grande cultura e di grande qualità, che nel 1776 anzi nel 1774 i contadini spesso analfabeti si ribellarono all'Inghilterra. Fecero la guerra d'Indipendenza, la Rivoluzione Americana"[102].

Leader straordinari e illustri intellettuali come Benjamin Franklin, Thomas Jefferson, Thomas Paine, George Washington etc, che conoscevano molto bene il greco e il latino e in alcuni casi come quello di Jefferson anche l'italiano.

"Lui diceva «toscano». In italiano parlava e leggeva con gran speditezza. Infatti con le duemila piantine di vite e le mille piantine di olivo e la carta da musica che in Virginia scarseggiava, nel 1774 il medico fiorentino Filippo Mazzei gli aveva portato varie copie d'un libro scritto da un certo Cesare Beccaria e intitolato Dei delitti e delle pene."[103]

---

[102] O. Fallaci, *La rabbia e l'orgoglio*, Rizzoli, Milano 2001, pp. 72-74.
[103] Ivi, p.73.

Questa lettura colpì profondamente Jefferson e coloro i quali entrarono in contatto con l'opera dell'avvocato milanese.

Difatti: *"a quell'epoca ogni Stato, secondo la tradizione inglese, impose la pena di morte a una lunga lista di crimini. Ma lo stesso umanitarismo che sancì l'uguaglianza di tutti gli uomini e animò la democrazia sollevò inevitabilmente molte domande su una pena che esercitava un potere così feroce sui cittadini dello Stato e dava per certo che gli individui fossero incorreggibili. Jefferson fu uno dei primi sostenitori della restrizione delle esecuzioni".*[104]

Ma spesso oltre a ricordare gli idilli iniziali, si dimentica che nel New England nel 1692 nella cittadina di Salem in Massachussets vi fu il più grande processo di stregoneria con relative condanne a morte per gli inquisiti.

L'ondata di pellegrini puritani che arrivarono a Salem cambiarono l'assetto di una cittadina votata al commercio.

Queste storie furono persino sfondo di numerose opere letterarie come *La lettera scarlatta* di Nathaniel Hathorne o *Il crogiolo* di Arthur Miller o più recentemente *Le figlie del libro perduto* di Katherine Howe.

---

[104] S. Turow, *Punizione Suprema. Una riflessione sulla pena di morte*, Piccola biblioteca Oscar Mondadori, Milano 2005, pp. 36-37

Alcune ragazze per motivi esclusivamente "personali"[105] si finsero vittime di malefici, e le loro pseudo confessioni portarono alla morte di molte vittime accusate ingiustamente di essere strumenti del maligno come: Abigail Williams, Bridget Shop, Sarah Good, Giles Cory, il reverendo George Burroughs, e molti altri.

Inutile soffermarsi sul perché fossero in maggioranza tutte donne. Per capirlo bisogna dare uno sguardo al *Malleus Maleficarum* del 1484 (scritto dai frati domenicani Jacob Sprenger e Heinrich Institor Kramer per compiacere papa Innocenzo VIII che aveva già promulgato la bolla *Summis desiderantes*) per capire quale fosse l'opinione della Chiesa e degli uomini di dio sulle donne[106].

Come visto qualsiasi convinzione politica o religiosa che spinge a mettere a morte un proprio simile per punirlo da un crimine è sintomo di una barbarie inaudita.

---

[105] Ossia l'invidia, la gelosia etc
[106] Per ulteriori informazioni si consiglia la lettura dei seguenti testi: T. Gatto Chanu, *Le streghe*, Newton & Compton, Roma 2000 e: J. Vernette, *Maghi e stregoni - il mondo dell'occulto e il discernimento cristiano*, Ed. San Paolo 1998, C. Porcino, *6 canzoni contro l'omofobia e la violenza sulle donne*, Lulu Edition, 2013.

* * *

Epidodi come quelli affrontati prima ci fanno capire come uno stato democratico come l'America, tanto idealizzato negli animi degli europei, ha alla propria base non solo la tanto apprezzata *Dichiarazione d'Indipendenza,* ma fenomeni di fanatismo e di intolleranza religiosa.

Intolleranze che nel tempo arrivarono a colpire non solo donne credute streghe, ma in special modo schiavi e stranieri.

Sugli schiavi ci sarebbe molto da dire ma per motivi del tutto logici non possono essere trattati in questa sede[107], ma sugli stranieri, emigranti in cerca di lavoro possiamo spendere qualche riga.

Ci riferiamo al caso di due italiani: Nicola Sacco e Bartolomeo Vanzetti.

In quel momento alla presidenza degli Stati Uniti vi era Calvin Coolidge, la società americana era attraversata da una violenta ondata di liberalismo in cui si cominciavano a sviluppare e ad intravedere le reti malavitose di Al Capone ed episodi di razzismo sfrenato contro i neri ad opera del Ku Klux Klan.

---

[107] A tal proposito si consulti il libro di: A. Haley, *Radici,* Rizzoli, Milano 1977.

Dopo l'imperversata di un liberalismo senza freni qualche anno più in là l'America si sarebbe trovata a pagare il conto di tale condizione politica e a fronteggiare una profonda crisi economica in cui persino le fabbriche furono costrette a chiudere, e centinaia di lavoratori si trovarono senza un lavoro.

È in un clima di tale immoralità e instabilità che il 23 Agosto del 1927, alle ore 0,19 veniva ucciso[108] tramite sedia elettrica Bartolomeo Vanzetti; mentre Nicola Sacco sarebbe deceduto nello stesso modo alle 0,26, in una fredda prigione di Charlestone, vicino Boston.

L'accusa che fu mossa ai due italiani fu quella di aver preso parte ad una rapina, e di avere ucciso un cassiere e una guardia.

Inizialmente i due furono accusati di aver distribuito volantini sovversivi, ed in special modo Sacco fu giudicato perché in possesso di pistola.

I due italiani furono assunti a capri espiatori, e la loro morte fu propriamente vissuta come un risveglio delle coscienze, non solo degli uomini dell'epoca ma persino negli anni seguenti.

---

[108] Utilizzare il termine giustiziato significherebbe affermare che fu fatta giustizia. Ma sappiamo, invece, che fu applicata solamente la vendetta di Stato.

Soltanto nel luglio del 1977 il governatore del Massachussets, Michael Dukais, fece stilare un documento ufficiale dello Stato che tendeva a riabilitare la memoria di Sacco e Vanzetti e a cancellare qualsiasi onta dai loro nomi e dalle loro famiglie.

Un riconoscimento tardivo e inutile per i due innocenti.

Basti pensare che l'unica colpa a loro ascrivibile fu quella di appartenere a movimenti anarchici di ispirazione socialista.

Bartolomeo Vanzetti il 9 aprile del 1927 aveva dichiarato: *"Sto soffrendo perché sono un anarchico, e in effetti io sono un anarchico; ho sofferto perché sono un italiano, e in effetti io sono un italiano; ho sofferto di più per la mia famiglia e per i miei cari che per me stesso; ma sono tanto convinto di essere nel giusto che se voi aveste il potere di ammazzarmi due volte, e per due volte io potessi rinascere, vivrei di nuovo per fare esattamente ciò che ho fatto finora"*[109].

La loro condanna a morte venne stabilita senza che a loro carico ci fosse alcuna prova certa, ma anzi pendeva in loro favore la deposizione di un detenuto che ammetteva di aver preso parte alla rapina (ad essi imputata), e di non averli mai visti compiere tale crimine.

---

[109] L. Tibaldo, *Sotto un cielo stellato. Vita e morte di Nicola Sacco e Bartolomeo Vanzetti*, Claudiana, Torino 2008, p. 227.

Anche la stampa si mobilitò a favore dei due italiani e persino l'Italia si fece avanti per il loro rilascio. Anche Pio XI incaricò il suo nunzio apostolico a Washington D.C di intercedere in loro favore.

Divennero in breve tempo degli assassini per l'America e dei martiri per l'Europa. Così scriveva il "Corriere d'America": *"«Sacco e Vanzetti hanno varcato la soglia dell'eternità con il quieto coraggio e la tranquilla dignità di chi non ha fatto male a nessuno e perdona chi lo ha fatto», il cattolico "La Fedeltà" sottolinea che «martedì scorso alle ore americane 0.30, italiane 5.30 era compiuta la vendetta legale della giustizia del Massachussetts contro Sacco e Vanzetti"*[110].

Celebri le parole della canzone scritta da Ennio Morricone per l'omonimo film ed interpretata da Joan Baez di *Here's to you* che dice «Voi restate nella nostra memoria con la vostra agonia che diventa vittoria». Ma altrettanto significativa è la lettera che Bartolomeo Vanzetti scriverà al figlio di Nicola, Dante Sacco, due giorni prima della loro esecuzione: *"Ti voglio dire tutto ciò che conosco di tuo padre; egli non è un criminale, bensì uno degli uomini più coraggiosi che io abbia mai*

---

[110] Ivi, p. 228.

conosciuto. [...] tuo padre ha sacrificato tutto quanto vi è di più caro e di sacro per il cuore e per l'anima per la sua fede nella libertà e nella giustizia per tutti. Quel giorno tu sarai orgoglioso di tuo padre e se tu crescerai abbastanza coraggioso tu prenderai il suo posto nella lotta tra la tirannide e la libertà e vendicherai il suo nome ed il nostro sangue"[111].

* * *

Altro caso clamoroso è l'esecuzione del detenuto Ray Rector, ritardato mentale a causa di una lobotomizzazione.

Rector fu accusato di avere ucciso un poliziotto, e subito dopo la condanna tentò più volte di suicidarsi e fu sottoposto ad una lobotomia frontale che lo fece diventare quasi un bambino, privo di ricordi, incapace di intendere e di volere e venne condannato a morte nel 1992 dall'ex presidente degli Stati Uniti d'America, Bill Clinton[112].

---

[111] Ivi, p. 221
[112] Per ulteriori informazioni si consiglia la lettura del libro di: M. G. Maglie, *Vendetta di Stato*, Ed. Marsilio, 1996.

Questo in un primo momento può apparire assurdo, poiché è inconcepibile immaginare la condanna a morte per un ritardato mentale.

Occorre però sapere che soltanto da recente gli Usa hanno deciso di abolire la pena di morte per i ritardati mentali, e più precisamente: *"La corte suprema degli Stati uniti è andata oltre i problemi procedurali stabilendo, nel 2002, che l'esecuzione dei ritardati mentali è incostituzionale, in quanto punizione crudele e abnorme"*[113].

Addirittura vi furono condanne per persone down, o con gravi forme di schizofrenie, come il caso di Varnall Weeks: *"nero, condannato a morte nel 1982 per omicidio. Secondo gli psichiatri che furono interpellati sia per conto dello Stato che della difesa, Weeks soffriva di una schizofrenia paranoide legata a strane e profonde delusioni di tipo religioso. Weeks credeva di essere Dio e dichiarava che la sua esecuzione era parte di un millenario progetto religioso per distruggere l'umanità, e che egli non sarebbe morto ma si sarebbe trasformato in una tartaruga e avrebbe regnato sull'universo. A gennaio Weeks si era ricoperto con le proprie feci e aveva*

---

[113] S. Turow, *Punizione suprema*, cit., p.35.

iniziato a correre lungo il perimetro della sua cella pronunciando frasi senza senso"[114].

Verrà giustiziato il 12/05/1995.

* * *

Infine vorrei citare altri due casi sulla pena di morte americana come quelli di Derek Rocco Barnabei e William Andrews.

Rocco Barnabei italoamericano di 33 anni, è stato condannato a morte nel settembre del 2000 con l'accusa di aver stuprato e ucciso la propria fidanzata, Sara Wisnowsky, nel lontano 1993.

Sin dal primo momento Derek Rocco Barnabei si proclamò innocente e chiese a gran voce di potersi sottoporre alla prova del Dna per provare la propria innocenza.

Dopo sei anni di carcere in Virginia e dopo vari appelli e mobilitazioni formali da parte di leader politici internazionali, persino di papa Wojtyla; Rocco fu condannato ingiustamente alla morte.

---

[114] A. Marchesi, L. Giovanelli, R. Noury, *Un errore capitale, Il dibattito sulla pena di morte (rapporto Amnesty International)*, Edizioni cultura della pace, San Domenico di Fiesole 1999, p.26.

La cosa alquanto inquietante è che durante il processo Barnabei fu segnalato il furto di alcune prove dall'archivio in grado di scagionarlo definitivamente, e poi improvvisamente apparse con il rischio lecito segnalato dalla difesa, di inquinamento di prove.

Sei giorni prima dell'esecuzione venne effettuato il test del Dna che Barnabei aveva richiesto.

L'esame fatto in segreto e solo su alcuni reperti, diede esito negativo[115] e Barnabei fu assassinato dallo stato americano.

Ma la pena di morte non è stata solo e soltanto inflitta ad innocenti o potenziali innocenti, ma anche a veri e propri assassini come nel caso di William Andrews.

William Andrews era un americano di colore rinchiuso nel carcere di Salt Lake city: " *il delitto per cui attendeva di essere giustiziato lo aveva commesso quasi venti anni prima, esattamente il 24 Aprile del 1974. Un delitto orrendo. Era entrato con un complice, Dale Pierre Selby, in un supermarket, avevano preso in ostaggio cinque persone, tra cui un bambino di cinque anni.*

---

[115] Per ulteriori informazioni si consiglia la visita del sito internet: www.barnabei.com

Era stato un delitto a sangue freddo, consumato con estrema ferocia dai due complici, quasi certamente entrambi sotto l'effetto degli stupefacenti.

Le donne furono violentate, poi alle vittime venne fatto bere un liquido corrosivo a base di acido muriatico, che si usa normalmente per la pulizia dei bagni"[116].

Dopo un'ora, il complice di Andrews sparò sulle vittime per finirle.

Tre morirono subito mentre altre due furono feriti gravemente tra cui un bimbo di cinque anni che riportò gravi lesioni per tutta la sua vita.

Andrews non sparò alle vittime ma prese parte a quasi tutte le operazioni compreso il versare l'acido da bere alle vittime.

Nel 1994 Andrews venne giustiziato per iniezione letale dopo avere trascorso diciotto anni nel penitenziario dello Utah.

Un'infanzia difficile con una madre prostituta, con sei figli di cui nessuno conosceva l'identità del padre.

Infanzia trascorsa all'ombra di botte, miserie e degradazioni nei bassifondi dei quartieri neri.

---

[116] F. Del Noce, *Non Uccidere,* Arnoldo Mondadori editore, Milano 1995, p. 130.

Tutto questo non giustifica affatto il crimine commesso ma aiuta a capire il disagio esistenziale di quest'uomo.

Per quanto dolore egli abbia arrecato alle famiglie delle vittime, trovo sempre ingiustificabile questo ricorrere all'omicidio di Stato.

* * *

Truman Capote scrisse il libro *A sangue freddo* (In Cold blood) per raccontare l'omicidio perpetrato da Perry Edward Smith e Richard Eugene Hickock in una cittadina del Kansas, Holcomb. I due assassini entrarono in una casa credendo di trovare una cassaforte segreta e non scorgendo nulla sterminarono senza alcun motivo una famiglia intera. Il libro uscì nel 1966 e Capote seguì da vicino il caso diventando in qualche modo un "amico e confidente" dei due condannati a morte. Capote descrisse, dopo vari e lunghi colloqui con gli assassini, alcune loro strane abitudini. Tentò in qualche modo di ricostruire la loro umanità quando l'opinione pubblica li vedeva solamente come dei mostri da sterminare. Ad esempio leggiamo: *"Sulla copertina del secondo taccuino, la calligrafia di cui andava tanto orgoglioso, ricca di riccioli e svolazzi femminili, ne definiva il contenuto:* «Il Diario Privato di Perry Edward Smith», *designazione impropria in quanto non si trattava affatto di un diario, ma piuttosto una specie di antologia che raccoglieva oscuri fatti (*«Ogni quindici anni Marte si avvicina. Il 1958 è un anno vicino»*), poesie e citazioni letterarie (*«Nessuno è un'isola, completo in se stesso»*), e brani di giornali e di libri, parafrasati o copiati. Ad esempio: Le mie conoscenze sono molte; i miei amici pochi; coloro che mi conoscono veramente ancora meno"*[117]. Capote racconta così gli ultimi attimi dei due condannati prima di morire: *"Ai piedi del patibolo il direttore del carcere lesse l'ordine ufficiale di esecuzione, un documento di due pagine; mentre il direttore leggeva, gli occhi di Hickock, indeboliti da mezzo decennio nelle ombre della cella, scrutarono il piccolo pubblico fino a che, non scorgendo chi cercava, chiese bisbigliando alla guardia più vicina se c'erano membri della famiglia Clutter presenti. Quando gli fu risposto di no, il prigioniero parve deluso: gli pareva quasi che il protocollo che regolava quel rituale di vendetta non venisse debitamente*

---

[117] T. Capote, *A sangue freddo*, Garzanti, Milano 1991.

111

osservato. Come di consueto, il direttore, terminato di leggere, chiese al condannato se avesse un'ultima dichiarazione da fare. Hickock annuì: «Desidero solo dire che non nutro alcun rancore. Voi mi state mandando in un mondo migliore di quanto sia mai stato questo», poi, come per sottolineare la cosa, strinse la mano ai quattro uomini principalmente responsabili della sua cattura e condanna, i quali, tutti, avevano chiesto il permesso di essere presenti alle esecuzioni [...] Mentre veniva condotto nel magazzino, Smith riconobbe il suo vecchio avversario, Dewey; smise di masticare la stecca di gomma alla doppia menta che aveva in bocca, poi sorrise a Dewey strizzandogli l'occhio, disinvolto e malizioso. Ma quando il direttore gli chiese se aveva qualcosa da dire, la sua espressione era seria. I suoi occhi sensibili contemplarono gravemente i visi che lo circondavano, si alzarono verso il boia, in ombra, quindi si abbassarono sulle proprie mani legate. Si guardò le dita, sporche di inchiostro e di colore perché negli ultimi tre anni nella Cella della Morte aveva continuato a dipingere autoritratti e immagini di bambini, per lo più figli di detenuti che gli offrivano le fotografie della loro progenie che vedevano tanto raramente. «Penso,» disse, «che sia una cosa bestiale togliere una vita in questo modo. Non

credo nella condanna capitale, né moralmente né legalmente.
Forse avevo qualcosa da dire, qualcosa...». La sua sicurezza
venne meno; la timidezza gli smorzò la voce riducendola a un
volume appena udibile. «Sarebbe senza senso chiedere
perdono di quel che ho fatto. È fuori luogo. Ma lo faccio.
Chiedo perdono.» Gradini, cappio, benda; ma prima che la
benda venisse legata, il prigioniero sputò la gomma da
masticare nella mano tesa del cappellano. Dewey chiuse gli
occhi e li tenne chiusi fino a quando sentì il colpo secco che
indica un collo spezzato dalla corda. Come la maggior parte
degli ufficiali della legge americani, Dewey è certo che la pena
capitale costituisca un freno alla criminalità violenta, e sentiva
che se mai tale condanna era stata meritata, era proprio in
questo caso ".

Truman Capote lavorò per ben sei anni alla stesura del libro. La
sua opera narrativa venne definita un "romanzo verità" e lo
stesso autore dopo averlo ultimato affermò che questo libro lo
aveva profondamente cambiato e che nulla, per lui, sarebbe mai
stato più come prima. Nei suoi incontri con i due assassini
Capote dichiarò di aver intravisto in uno di loro il futuro che
poteva essergli riservato se non si fosse votato in giovane età
alla letteratura. La sua infanzia tormentata era confluita

nell'arte e non aveva, fortunatamente, dato sfogo alla rabbia. Il suo coinvolgimento emotivo nel caso lo segnò profondamente. Infatti *A sangue freddo* resta il suo ultimo romanzo.

* * *

Sono molti gli Stati[118] che compongono gli Usa ad applicare ancora la pena di morte. Alcuni sono in moratoria di fatto, altri

---

[118] E più precisamente: **Alabama** (iniezione letale o sedia elettrica), **Arizona** (iniezione letale. I detenuti condannati prima del 11/92 possono scegliere la camera a gas), **Arkansas** (In moratoria. Non si eseguono più condanne dal 2005), **California** (scelta tra camera a gas e iniezione letale), **Colorado** (iniezione letale), **Delaware** (iniezione letale. I detenuti condannati prima del 13/06/83 possono scegliere l'impiccagione), **Florida** (Scelta tra iniezione letale e sedia elettrica), **Georgia** (iniezione letale), **Idaho** (iniezione letale), **Indiana** (iniezione letale), **Kansas** (In moratoria. Non si eseguono più condanne dal 1976), **Kentucky** (In moratoria. Non si eseguono più condanne dal 1999-2008), **Louisiana** (iniezione letale), **Maryland** (iniezione letale, con possibilità di scelta della camera a gas), **Mississippi** (iniezione letale), **Missouri** (scelta tra iniezione letale e camera a gas) , **Montana** (iniezione letale), **Nebraska** (sedia elettrica), **Nevada** (iniezione letale), **New Hampshire** (In moratoria. Non si eseguono più condanne dal 1976), **North Carolina** (iniezione letale), **Ohio** (iniezione letale), **Okhaloma** (iniezione letale), **Oregon** (iniezione letale), **Pennsylvania** (iniezione letale), **South Carolina** (scelta tra iniezione letale e sedia elettrica), **South Dakota** (iniezione letale), **Tennessee** (iniezione letale), **Texas**

invece persistono nella loro vendetta di Stato nonostante anni e anni di dibattiti.

L'opinione largamente diffusa sui criminali è tratteggiata da una caratterizzazione all'incorreggibilità del colpevole.

"Nel corso degli anni in cui lavorai come pubblico ministero la mia opinione sulla natura umana si avvicinò molto alle idee di Hobbes.

Avevo imparato che chi commette un crimine è molto spesso impegnato in un gesto di autodefinizione.

Queste persone non hanno una grande opinione di se stesse e come risultato sono portate a trattare il prossimo in modo crudele. Mentono per il divertimento e agiscono in modo violento per professione o perché sono arrabbiate e la violenza le gratifica. Dal punto di vista della legge sono persone malvagie, e nella maggior parte dei casi sono destinate a rimanerlo"[119].

(iniezione letale), **U.S.Military** (iniezione letale), **Utah** (iniezione letale), **Virginia non occidentale** (scelta tra iniezione letale e sedia elettrica), **Washington** (In moratoria. non si eseguono più condanne dal 2014), **Wyoming**, (iniezione letale).

[119] S. Turow, *Punizione suprema*, cit., p. 25.

Questa visione del reo come totale minaccia per la società a causa della propria indole malvagia ha continuamente messo a repentaglio il concetto stesso di dignità umana.

Una società che non riesce a comprendere il rispetto dei diritti dell'uomo è una società priva di valori[120].

Questo è quello che capita alla cultura americana, che a distanza di centinaia di anni dalla nascita della propria costituzione, continua a vedere la pena di morte come un deterrente ai crimini[121].

"Gli artefici della costituzione accettavano la morte come punizione accettabile, accettando anche la schiavitù e il fatto che le donne fossero considerate oggetti di proprietà. Ma i tempi cambiano".[122]

---

[120] *"Si va strombazzando che la natura umana è essenzialmente perversa, che l'uomo è nato figlio del diavolo e malvagio. Non c'è niente di più sconsiderato: perché tu, amico mio, che mi predichi che tutti sono nati perversi, m'insegni allora che anche tu sei nato tale, che io debbo guardarmi da te come da una volpe o da un coccodrillo",* Voltaire, *Dizionario filosofico* vol. II, Rizzoli, Milano 1979, p. 307.

[121] *"La percentuale di omicidi era più alta nelle giurisdizioni con la pena di morte. Anzi in Texas, in cui sono state eseguite più di un terzo di tutte le esecuzioni negli Stati Uniti dal 1976 a oggi, la percentuale di omicidi è molto superiore alla media nazionale".* S. Turow, Punizione suprema, cit, p. 80.

[122] Ivi, p.147.

Sta di fatto che soltanto nel 2002 il governatore George Ryan incaricò una Commissione speciale - di cui fece parte anche il noto avvocato e scrittore Scott Turow - per valutare le riforme da effettuare nell'applicazioni delle pene capitali nello stato dell'Illinois.

La commissione dovette vagliare centinaia e centinaia di casi di detenuti "giustiziati" nei penitenziari e nella maggior parte, si accorsero di come fossero stati condannati degli innocenti.

Questo in parte successe a causa di confessioni estorte in maniera coercitiva e soprattutto perché nella stragrande maggioranza dei casi gli imputati non potevano permettersi un legale qualificato, ma soltanto un avvocato d'ufficio.

Lo stesso Turow ci racconta di come :

"Spesso i metodi per ottenere una confessione non andavano troppo per il sottile. Ronald Jones, condannato per violenza carnale e omicidio a Chicago nel 1985, sostenne sempre che gli avevano estorto la confessione a suon di botte. Lo Stato ribatté che i segni visibili sul volto di Jones al momento dell'arresto erano dovuti a una malattia della pelle. Anni dopo,

le prove fornite dal test del DNA stabilirono senza possibilità di errore che la confessione di Jones era falsa".[123]

Se tali considerazioni fossero state fatte in un sistema totalitario come quello degli ex talebani dell'Afghanistan o dell'Iraq di Saddam Hussein non ci saremmo stupiti più di tanto, considerato che in un sistema dittatoriale la democrazia e la giustizia sono totalmente inesistenti! Ma quando si parla della più grande democrazia esistente, che esporta nel mondo modelli culturali ed economici non può essere accettata.

Uno stato democratico che ha lottato per l'affermazione della dignità dell'uomo, non può tollerare l'esistenza di metodi punitivi di tale insensibilità e amoralità.

Poiché: *"la vita di una nazione, al pari di quella degli individui, è un tutto indivisibile"*[124].

Proprio per questo mi stupisce scoprire che negli States un'alta percentuale della popolazione desidera la pena di morte perché si sente tutelata rispetto alla scarcerazione dei colpevoli.

Un sistema giuridico umano avrà sempre degli errori nelle proprie esplicazioni, ma non per questo dovrà ricorrere a

---

[123] S. Turow, *Punizione suprema*, cit., p.47.
[124] Gandhi, *Aforismi e pensieri.*

sistemi di tutela della libertà individuale quali la "vendetta di Stato".

Benché non ci si riferisca mai alla pena di morte come ad una vendetta avallata dallo Stato, non può che essere considerata in tal modo.

Nessuna legittimazione di tale "vendetta" può essere giustificata.

Torneremo su questo punto più in là.

Come si legge nelle dichiarazioni di Turow :

"Il semplice principio secondo cui «Se uccidere è sbagliato allora lo Stato non dovrebbe farlo» mi ha sempre colpito per quello che è: semplice, troppo semplice per la complessità del corpo umano. Inoltre, bandirebbe un certo tipo di violenza da parte dello Stato che io invece accetto come necessità: la guerra o la licenza di uccidere, se serve, da parte della polizia. E non mi smuoveva dalle mie posizioni chi definiva la pena di morte una vendetta, come se vendicarsi non fosse uno dei motivi per cui si mettono in prigione i criminali. Come spiegare altrimenti le condizioni crudeli dei penitenziari americani?".[125]

---

[125] S. Turow, *Punizione suprema*, cit., p. 26.

Dichiarazione alquanto riduttiva sulla detenzione.

Il valore della persona umana non può essere considerata in termini di soprafazione o vendetta.

In tal caso ci viene in aiuto la filosofia di Kant che: *"basò invece tutta la morale umana sulle forme aprioristiche dell'intelletto pratico, che hanno carattere imperativo. Essenziale per la morale è l'imperativo categorico, che, secondo lui, si esprime nella seguente formula: «Agisci soltanto secondo quella norma che tu possa contemporaneamente volere che diventi legge universale».*

Vi è poi una seconda forma dell'imperativo categorico, nella quale è la persona ad essere collocata al posto che le spetta nell'ordine morale. Eccone la formulazione: «Agisci in modo da trattare l'umanità, tanto nella tua quanto nella persona di ogni altro, sempre contemporaneamente come fine e mai soltanto come mezzo»."[126]

Questo perché Kant non considerava l'umanità come mezzo ma come fine, cioè l'altro uomo deve essere considerato sempre come il fine del nostro agire è mai come un oggetto.

---

[126] K. Wojtyla, *Memoria e identità*, cit., pp. 50-51.

Secondo quanto sostenuto da Kant ogni uomo, compreso il reo che non abdica mai alla sua condizione di essere umano, deve essere considerato il fine del nostro agire.

Pertanto la giustizia non può avere come fine la salvezza dell'uomo tramite la morte di un altro simile.

Ciò avvierebbe un sordido meccanismo che ribalterebbe il concetto stesso di vita insita nella legge morale.

Attraverso l'atto, l'uomo si rivela e qualifica. Pertanto la giustizia non può ignorare l'interiorità propria della persona come soggetto cosciente.

"Gli atti sono il momento peculiare della visione e quindi della conoscenza sperimentale della persona. Essi costituiscono per così dire il punto di partenza più giusto per comprendere l'essenza dinamica della persona [...] Quando l'esperienza dell'uomo prende la forma di visione della persona attraverso l'atto, tale visione raccoglie in sé tutta la semplicità dell'esperienza, diventando la sua espressione"[127].

Attraverso lo studio degli atti umani, è possibile scorgere qualcosa sull'individualità dell'uomo che li compie.

---

[127] K. Wojtyla, *Persona e atto*, Bompiani, Milano 2001, pp. 53-55.

Durante la moratoria del 2002 indetta per tentare di riformare le modalità dell'applicazione della pena capitale nello Stato dell' Illinois, lo stesso Scott Turow sostenne che non ci fu proprio tempo per un dibattito morale e filosofico[128].

Quello che spesso si dimentica è che il problema della pena di morte è prima di tutto un problema morale.

Per punire un reato, la giustizia deve riuscire a comprendere la persona; ma procedendo non dalla persona all'atto, ma dall'atto alla persona.

"L'atto è senza dubbio un'azione e l'azione è opera di diversi agenti. Non possiamo tuttavia attribuire quel genere di azione, che è atto nel vero senso della parola, ad alcun altro agente, se non alla persona. Quindi l'atto presuppone la persona"[129].

In nessuna delle indagini o inchieste relative la pena di morte ho riscontrato uno studio approfondito sulla persona e sulle proprie modalità di agire.

In alcuni casi si è ricorsi ad una psicologia spicciola, che non ha reso di certo alla dignità dell'uomo un gran servizio.

Domande come: Esiste per il male supremo una pena suprema?

---

[128] Cfr. S. Turow, *Punizione suprema*, cit., p. 86.
[129] K. Wojtyla, *Persona e atto*, cit., p. 53.

Oppure: L'omicidio è una violazione assoluta dell'essere umano che non trova eguali?[130] non trovano sufficienti risposte.

Ma le risposte a cui giunge Turow è che nella stragrande maggioranza la pena di morte sortisce una forte presa sulle coscienze degli americani.

Un effetto non ignorato dalle corti di giustizie americane che hanno più volte sollevato le perplessità di mantenere in vigore la pena di morte.

Perplessità che secondo Turow giungono dall'Europa che giudica senza sosta il sistema giudiziario americano.

La pena di morte a quanto pare scomparirà per un implosione del sistema stesso, portando l'America ad una progressiva e veloce eliminazione della pena capitale.

Poiché non è la pena di morte ad esonerare lo Stato dagli errori, e dalle regole che: *"non arrivano mai a penetrare fino in fondo le tenebre dell'ambiguità morale, e non sanno comprendere né dare risposte alla complessità delle motivazioni e intenzioni umane.*

---

[130] Cfr. S. Turow, *Punizione suprema*, cit., p. 87

E la pena, da sola, non trasforma il mondo che ci circonda in quello in cui vorremmo vivere"[131] .

Infatti se la giustizia e di conseguenza la pena da infliggere al reo non perde di vista l'uomo, non occorrerà in alcun modo giungere alla condizione estrema della soppressione di un individuo per il bene della collettività, poiché: *"dalla sacralità della vita scaturisce la sua inviolabilità, inscritta fin dalle origini nel cuore dell'uomo, nella sua coscienza*"[132].

* * *

Un aspetto forse fin troppo trascurato nelle esecuzioni capitali è ignorare l'individuo che si condanna a morte; o peggio non accettarlo come un essere umano avente dei diritti e doveri come tutti gli altri.

A questo proposito, per rendere ancora più convincenti le mie motivazioni, mi servirò di alcune delle straordinarie riflessioni di Albert Camus sulla pena capitale.

Egli inizia la sua riflessione con il racconto personale del padre, un convinto sostenitore della pena di morte che andò ad

---

[131] S. Turow, *Punizione suprema*, cit., p. 142.
[132] G. Paolo II, *Evangelium Vitae*, cit., p. 57.

assistere ad Algeri nel 1914 all'esecuzione di un uomo accusato di avere ucciso un' intera famiglia di coloni.

Suo padre: *"volle assistere all'esecuzione, per la prima volta in vita sua. Si alzò nel cuore della notte per recarsi sul luogo del supplizio, all'altro capo della città, fra un gran concorso di folla. Di quanto vide, quel mattino, non disse nulla a nessuno. Mia madre racconta soltanto che rientrò di furia, stravolto, si rifiutò di parlare, si stese un istante sul letto e d'improvviso incominciò a vomitare. Aveva visto in faccia la realtà che si celava sotto le formule solenni tese a mascherarla.*

Non pensava più ai bambini massacrati, non poteva più pensare che a quel corpo palpitante sull'asse dove l'avevano gettato per tagliargli il collo"[133].

Questo ci dimostra di come un uomo assolutamente convinto della validità della pena di morte, dopo aver assistito ad una esecuzione, può rendersi subito conto che un tale e orrendo assassinio sociale, non può che sconvolgere l'equilibrio psico - fisico di un individuo.

Ma è anche vero che in molti casi i mezzi di comunicazione hanno adottato, come rivela Camus, dei nuovi codici per non

---

[133] A. Camus, *Riflessioni sulla pena di morte*, Ed. Se, Milano 1993, p.11.

rendere la pena di morte talmente comprensibile da produrre l'orrore che logicamente susciterebbe.

"Così, durante la prima colazione, possiamo leggere in un angolo del giornale che il condannato ha pagato il suo debito alla società», o che «alle cinque giustizia era fatta». I funzionari parlano del condannato come dell'«interessato», del «paziente», oppure lo designano con una sigla"[134].

Tale precauzione ci fa riflettere sulla reale inefficacia di una pena tanto declamata in Francia[135] come nel resto dei paesi dove è in vigore.

---

[134] Ivi, p.12.

[135] Bisogna sapere che la pena di morte a cui Camus si riferisce nel particolare è quella vigente in Francia; poiché l'Algeria ha subìto una lunga occupazione da parte dei francesi, una colonizzazione durata parecchi anni ed iniziata nel 1957. Di conseguenza la pena di morte era in linea con quella regolamentata dalle leggi dello Stato francese. La Francia ha definitivamente abolito la pena di morte dalla propria costituzione soltanto dopo lunghe polemiche il 30 settembre 1981.
Invece in Italia la pena di morte dopo essere stata abolita durante l'unificazione, venne reintrodotta da Benito Mussolini. Mentre nel 1947 la pena capitale fu bandita dai reati comuni ma rimaneva in vigore presso il codice militare di guerra che venne abrogato soltanto nel 1994.
Mentre in Belgio la pena di morte è stata abolita con una legge il 1 agosto 1996; in Bulgaria il 10 dicembre 1998, in Grecia nel 1993 con entrata in vigore della legge nel 1998, in Polonia nel 1998 (ma non si eseguiva più dal 1988), l'Inghilterra soltanto nel 1998 (ma non si eseguiva più dal 1964), etc.

Koestler difatti sosteneva che la pena di morte: *"insudicia la nostra società, e di conseguenza i suoi partigiani non possono giustificarla"*[136].

Proprio per tale motivo Camus si chiede quale validità possano avere le esecuzioni se non sono rese pubbliche.

Lo Stato francese andava dichiarando che la pena di morte aveva come scopo quello di rappresentare una pena esemplare per i criminali. Ma se viene praticata in un cortile di prigione nessuno potrà rendersi realmente conto della gravità della pena.

Pertanto se si seguita a sostenere tale posizione bisognerà diffondere per mezzo dei media le immagini delle esecuzioni e soprattutto far leggere nelle scuole e nelle università i rapporti di alcuni medici, ad esempio quelli di Piedelièvre e Fornire, che furono invitati a scopo scientifico ad analizzare i corpi dei suppliziati dopo l'esecuzione.

Non è mistificando o omettendo i fatti che si raggiunge lo scopo di scoraggiare i criminali.

I corpi ghigliottinati hanno ancora: *"il sangue che esce dai vasi al ritmo delle carotidi recise, poi si coagula. I muscoli si contraggono e la loro fibrillazione è stupefacente; l'intestino*

---

[136] A. Camus, *Riflessioni sulla pena di morte*, cit., p.15.

oscilla, il cuore ha dei movimenti irregolari, incompleti, affascinanti. La bocca si contrae a tratti in un'orribile smorfia"[137].

Purtroppo non si può dire di essere favorevoli alla pena di morte senza sapere quali sono realmente gli ultimi attimi che precedono e che seguono la morte del condannato.

Se questo in parte accade è perché: *"lo Stato camuffa le esecuzioni e impone il silenzio sui testimoni e sulle testimonianze appena citati"*[138]; ma ciò come più volte sostenuto non rende "giustizia"al condannato.

Fino a quando non si seguiterà a: *"mostrare le mani del boia, e costringere a guardarle i cittadini troppo delicati, e anche tutti coloro che, direttamente o indirettamente, hanno fatto esistere quel boia"*[139], non si potrà dire di esserne i sostenitori.

In realtà è facile delegare a terzi l'uccisione di un criminale soltanto perché lo si crede giusto; Suor Ellen[140] diceva spesso

---

[137] A. Camus, *Riflessioni sulla pena di morte*, cit., p.20
[138] Ivi, p.23.
[139] Ivi, p.24.
[140] Si consiglia la lettura del testo: H. Prejean, *Dead man walking*, Bompiani, Milano 1999

"Se davvero credete nella pena di morte, chiedetevi se sareste disposti a essere voi a iniettare il veleno"[141].

È una facile illusione pensare che il boia rimanga impassibile alla morte e che possa fare questo "sporco" lavoro anche per noi.

Ma se come visto i sostenitori della pena capitale sono quasi tutti del parere che sia esemplare ed un ottimo deterrente ai crimini bisogna riflettere sui dati riportati da Koesteler:

"In Inghilterra, all'epoca in cui i borsaioli venivano giustiziati, altri borsaioli esercitavano il proprio talento tra la folla che circondava la forca da cui pendeva il collega [...] su duecentocinquanta impiccati, centosettanta avevano in precedenza assistito personalmente a una o due esecuzioni capitali"[142].

Una subdola intimidazione come la pena di morte agisce soltanto sugli spiriti deboli e i timidi, come nel caso del padre di Camus.

Chi invece è un malfattore nella stragrande maggioranza dei casi rimarrà totalmente indifferente; poiché se è vero che l'uomo teme la morte, è anche vero che le passioni umane

---

[141] S. Turow, *Punizione suprema*, cit., p. 144.
[142] A. Camus, *Riflessioni sulla pena di morte*, cit., p. 25.

riescono a contrastare la pulsioni di morte insita in ognuno di noi.

Gli istinti più reconditi dell'uomo come l'amore, l'onore o la vendetta possono spingere l'uomo ben oltre i limiti consentiti[143].

Ma: *"la pena capitale avrebbe realmente valore d'intimidazione se la natura umana fosse diversa e se fosse stabile e serena quanto la stessa legge. Ma si tratterebbe di una natura morta"*[144].

Se nelle indagini di Turow sulla pena capitale si riscontrava lo strazio delle famiglie delle vittime, nelle riflessioni di Camus trova spazio il dolore dei familiari dei condannati a morte.

"L'attesa di una madre, di un padre, per lunghi mesi; il parlatorio, le false conversazioni con cui riempiono i brevi istanti trascorsi con il condannato, e per finire le immagini delle esecuzione, sono delle torture che non vengono imposte ai congiunti delle vittime"[145].

Uno strazio che lacera profondamente sia i familiari ma ancor di più il condannato a morte che trascorre le sue ultime ore in

---

[143] Cfr. Ivi, p.26.
[144] Ivi, p.27.
[145] Ivi, p.42.

una "specie di autopsia intellettuale"[146]; ed è proprio questa lancinante attesa che provoca all'uomo una morte ancor più atroce.

È come se al condannato: *"gli si infliggono due morti, e la prima è peggiore dell'altra, mentre egli ha ucciso una sola volta"*[147].

Per quanto riguarda invece la convinzione dell'irrecuperabilità del reo chi ci assicura che questo non possa avvenire?

Chi sarebbe disposto a giurare che il condannato a morte non possa redimersi dal crimine commesso?!

Accettare il presupposto che: *"un uomo deve essere assolutamente radiato dalla società in quanto assolutamente malvagio, equivale a dire che la società è assolutamente buona, e nessuna persona sensata può crederlo oggi"*[148].

Considerato ciò possiamo infatti dire che negli stati in cui permane tale barbarie, non è di certo dai propri simili che devono guardarsi, ma dallo Stato che arrogandosi il diritto di uccidere legalmente e tacitamente un uomo legittima: *"una*

---

[146] V. Hugo, *L'ultimo giorno di un condannato a morte*, cit., p. 48.
[147] A. Camus, *Riflessioni sulla pena di morte*, cit., p. 40.
[148] Ivi, p. 62.

disgustosa macelleria, un oltraggio inflitto alla persona e al corpo dell'uomo"[149].

È doveroso   infine dire che Camus opta per la totale abrogazione della pena di morte dalla costituzione francese e dagli altri stati; e nello stesso modo si fa promotore di una pena alternativa per i criminali incalliti; ovvero i lavori forzati a vita.

Altrimenti: " *non vi sarà pace durevole né nel cuore degli individui né nei costumi della società sin quando la morte non verrà posta fuori legge*"[150].

* * *

Nel 1975 Umberto Eco scrisse un immaginario dialogo sulla pena capitale con il protagonista de *I promessi sposi,* Renzo Tramaglino. Tramaglino stanco delle scorribande e sopprusi del Griso si dice amareggiato perché nessuno punisce più il colpevole per i misfatti commessi, e sostiene: "*Io che mi ero allineato con le tesi di un grande di queste terre, il Beccaria, che aveva dimostrato per sempre come lo Stato non potesse*

---

[149] Ivi, p.69.
[150] Ivi, p.70.

insegnare a non uccidere attraverso l'uccisione legale, io mi sento turbato. E mi chiedo se non si debba restaurare per tali odiosi delitti la pena di morte, a difesa del cittadino indifeso e ad avviso di quanti volessero fargli del male"[151]. A tal punto Eco, stimolato dalla risposta di Tramaglino, replica che con ogni probabilità anche lui, essendo padre, si scaglierebbe contro l'ipotetico assassino del proprio figlio. Ma dopo averlo torturato: *"mi consegnerei alle guardie, affinchè mi traessero in catene e mi dessero punizione esemplare. Perché io avrei pur sempre commesso un delitto avendo sottratto la vita a un uomo, cosa che non si deve. Mi sarebbe giustificazione il fatto che tra il dolore di un padre orbato e l'insania vi è poca differenza e chiederei parziale indulgenza. Ma mai potrei chiedere che lo Stato si sostituisse a me, anche perché lo Stato non ha passioni da soddisfare, ma solo deve ribadire il fatto che togliere una vita è in ogni caso un male. E, quindi, lo Stato non potrebbe togliere una vita per insegnare che è male togliere la vita*"[152]. Tramaglino non si lascia convincere e sostiene che forse la pena di morte potrebbe servire come

---

[151] U. Eco, *Dalla periferia dell'impero*, Bompiani, Milano 2003, pp. 114-115.
[152] Ibid

133

esempio, ma Eco ribatte: *"Ecco, e se io uccido Caio per dare un avvertimento a Tizio, non uso forse Caio come mezzo per avvertire Tizio, per difendere tutti gli altri dalle possibili voglie di Tizio?"*[153]. Il Tramaglino di Eco si getta in una conversazione filosofica in cui sostiene che Caio è ormai indegno di essere considerato *"un fine a se stesso"*, quindi per la colpa commessa è giusto che venga ucciso dallo Stato. La provocazione di Eco, come sostenuto in tempi recenti da suor Hellen Prejen, diventa: *"Ora dimmi, o Renzo: dacchè tu hai tale visione severa e superumana della legge, e ammetti che la morte data dallo Stato non è assassinio, ma distribuzione equatrice, se lo Stato ti elegesse, per sortegio o rotazione, a dar la morte a chi ha ucciso, accetteresti?"*[154]. Tramaglino si sente pronto ad affrontare l'incarico perché: *"chiunque sostenga la pena capitale deve dichiararsi pronto a comminarla, se comandato dalla comunità"*[155]. A questo punto lo scrittore incalza la sicumera di Renzo, e chiede se si sentirebbe altrettanto pronto a punire con il medesimo reato chi: *"commettesse su di lui (il figlio N.d.r.), con violenza*

---

[153] Ivi, p. 116.
[154] Ivi, p. 117.
[155] Ibid

disumana, atti di sodomia, rendendotelo ormai folle turbato per tutta la vita?"[156]. Se le considerazioni di Renzo sono giuste anche lui dovrebbe violentare lo stupratore del figlio, applicando questa legge del taglione da lui tanto giustificata. Renzo così risponde: *"Eh, no! Non sono mica un maniaco sessuale!"*[157]. E la risposta arguta di Eco non tarda ad arrivare: *"Perché sei forse, invece, un maniaco omicida?"*. Renzo non accetta di essere utilizzato dallo Stato come mezzo, però senza alcun problema di ordine morale accetterebbe di buon grado che un altro uomo possa essere ucciso per spaventare e ammonire chi commette un reato. Ed è qui che l'autore de *Il nome della rosa* asserisce: *"Ma lo Stato che giustizia il colpevole non gli impedisce ormai di commettere l'atto e semplicemente, ripeto, lo usa come puro mezzo. E, una volta che si usa un uomo come mezzo ammettendo che ci sono uomini meno uomini degli altri, cade l'essenza stessa del contratto su cui si regge lo Stato"*[158].

Partendo dal presupposto di Umberto Eco sorgono alcuni quesiti che bisogna affrontare anche se pur brevemente. La

---

[156] Ibid
[157] Ibid
[158] Ivi, p. 118.

prima considerazione è la banalizzazione del concetto di male e di bene, e il relativo piano per combattere la violenza. Il filosofo Raimon Panikkar sostiene: "*Il dramma della storia è che combattiamo l'altro che dobbiamo disapprovare, o da cui ci dobbiamo difendere, credendolo cattivo, una forza del male. Entro una dimensione puramente storica non si può vedere di più. Soltanto se l'uomo è un essere più che storico può avere l'equanimità di combattere il male senza ergersi a giudice assoluto. Uno Shiva o un Cristo possono tollerare il peccato del mondo, caricarlo su di sé e così, forse, convertirlo. Allo stesso modo, chi è tollerante in grado superiore e minimamente violento può capire che colpire il malvagio non farà che prolungare la legge del karma o il ciclo della vendetta, e che perciò sia necessario pagare l'alto prezzo del perdono perché la legge del male non si perpetui*"[159]. Ma noi esseri umani non ci troviamo in una dimensione che supera la storia e le nostre passioni. Ancora oggi, ad esempio, è poco conosciuta la storia di Gilles de Rais a cui si ispirò lo scrittore Charles Perrault per il libro di *Barbablu*. Gilles de Rais nacque nel 1405 e morì giustiziato nel 1440. Egli era un uomo facoltoso, barone di

---

[159] E. Peyretti, *Dialoghi con Norberto Bobbio su politica, fede, non violenza*, Claudiana, Torino 2011, pp. 177-178.

Retz e non uccideva mogli come nella fiaba, ma bambini. In quel periodo vi erano per le campagne molti poveri che girovagano per le strade e fra questi molti giovani. Gilles de Montmorency-Laval conosciuto semplicemente come Gilles de Rais inviava i propri servitori a raccogliere in giro questi poveri ragazzini con l'ordine di portarli al castello. Fu accusato di aver stuprato e ucciso più di 140 bambini. Fu la stessa Inquisizione a metterlo sotto processo con ben 49 capi d'imputazione fra cui anche stregoneria e alchimia. La storia non ci ha consegnato prove certe della sua colpevolezza, e il filosofo Voltaire, sostenne che il barone era stato vittima dell'ignoranza e superstizione della Chiesa dell'epoca. Sta di fatto che Gilles de Rais poteva contare sulla sua influenza per commettere qualunque atrocità. Poi non sappiamo se furono le torture o le minacce di scomunica che lo indussero a confessare tali crimini; ciò che conosciamo è che nella zona dove lui risiedeva, i bambini sparivano a vista d'occhio e qualcosa rimandava quasi sempre al suo castello. Alcuni suoi uomini fidati confessarono di aver cercato dei bimbi per portarli al barone, ed una volta uccisi, questi chiedeva loro di sbarazzarsene. Gilles de Rais, insieme ai suoi due complici, fu giustiziato tramite impiccagione e poi messo al rogo il 26 ottobre del 1440. Storie come queste che si sono ripetute nel corso della storia e ancora oggi accadono sotto altre forme di violenza e perversione destano stupore e rabbia nelle persone, spingendole a domandarsi se chi si macchia di atroci delitti contro i bambini può ancora definirsi un essere umano come sosteneva il Tramaglino ricreato da Eco. Rifacendoci alle teorie di Panikkar riassunte da Enrico Peyretti: *"Se è così – si può aggiungere – la difesa da un male ingiusto con un male "giusto" (che è il principio del diritto e della politica delle nostre culture: vim vi repellere licet; è lecito respingere la violenza con la violenza) non è detto che sia sempre un dovere. Panikkar interpreta il detto di Gesù «Ma io vi dico di non resistere al malvagio; anzi, se uno ti percuote nella guancia destra, porgigli anche l'altra» (Matteo 5,39) in questo modo: non rivaleggiare col male, non voler competere con esso, non giocare il gioco del maligno. Una volta dichiarata guerra al male sei impigliato nella sua rete: essere vincitore o vinto è irrilevante, perché il suo veleno è già in te. Ciò non vuol dire restare passivi o inerti, ma spostare la lotta fuori dall'arena che il male ti offre. (...) Anche se vedi torturare tua figlia? Se, in tal caso colpisci l'aguzzino, nessuno ti condannerà. Ma altri, a un grado superiore di tolleranza, potrà capire che,*

138

anche in tal caso, colpire il malvagio non farà che prolungare il ciclo del karma e della vendetta"[160].

Altra problematica che scaturisce da queste riflessioni filosofiche è l'applicazione universale dei diritti dell'uomo. Come sappiamo la *Dichiarazione Universale dei diritti dell'Uomo* voluta e promossa dall'ONU e firmata a Parigi nel dicembre del 1948 per molti è una carta dei diritti di stampo Occidentale e quindi non valida per ogni parte del mondo. Anche in questo caso il filosofo Panikkar ci spiega la questione: *"Si proclama che i diritti dell'Uomo sono universali. Questa sola affermazione dà luogo a un interrogativo filosofico di fondamentale importanza: ha senso chiedersi se ci sono le condizioni dell'universalità quando la questione stessa delle condizioni dell'universalità è lungi dall'essere una questione universale?"*[161]. Quando noi occidentali ci rapportiamo alle notizie sconcertanti che provengono dal mondo asiatico o arabo riguardo la pena di morte invochiamo subito il rispetto e la violazione dei diritti universali dell'Uomo. Evidentemente il nostro percorso storico

---

[160] Ivi, p. 178.
[161] R. Panikkar, *I Diritti dell'Uomo sono una nozione Occidentale?*, 2006, p. 24.

scaturito dalla Rivoluzione francese ci ha spinti a formulare l'idea di una dichiarazione che garantisse ad ogni singolo individuo il diritto e la tutela alla nostra esistenza.

"Il primo postulato identificato da Panikkar come base della concezione "occidentale" dei Diritti dell'Uomo è l'affermazione dell'esistenza di una natura umana universale, a sua volta concepita come conoscibile attraverso un organo di conoscenza universale, ovvero la ragione. La natura umana si presenterebbe come essenzialmente diversa dal resto della realtà: gli animali, per esempio, non partecipano della medesima natura e non possono, dunque, godere degli stessi diritti. Tale concezione della natura umana richiama esplicitamente temi kantiani e illuministi, che forniscono il fondamento epistemologico e morale di gran parte della filosofia contemporanea e non solo"[162]. È evidente che ciò deriva dalle correnti filosofiche, dalle spinte introdotte dal cristianesimo e dall'affermazione dell'illuminismo. Come ci spiega Kamenka: *"Il concetto di Diritto umano è un prodotto storico che si è evoluto in Europa, che trova le sue fondamenta nel cristianesimo, nello stoicismo e nel diritto romano con il*

---

[162] A. Chiricosta, *Filosofia interculturale e valori asiatici*, O barra O Edizioni, Milano 2013, pp. 223-224.

suo ius gentium, ma che conquista forza e direzione solo con la natura contrattualistica e pluralista del feudalesimo europeo, delle lotte della Chiesa e l'ascesa del protestantesimo e delle città. Vede le società come un'associazione di individui, così come sancito – logicamente o storicamente – da un contratto stipulato tra di loro, ed eleva la singola persona umana e la sua libertà e felicità a obiettivo e fine di tutte le associazioni umane[163]. Da ciò si intuisce che la concezione della persona portatore di diritti individuali inviolabili è frutto della nostra cultura e può essere difficilmente compresa da un patrimonio di conoscenze distinte dalla nostra. Gli studiosi Cauquelin, Lim e Mayer sostengono: *"È da notare che nessuna delle religioni o filosofie propriamente asiatiche (confucianesimo, induismo, islam, buddhismo, jainismo, sikhismo, animismo) marca una distinzione tra valori religiosi e valori secolari. Le scritture religiose contengono alcune linee guida non solo per il culto, ma anche per una condotta corretta nella vita di ogni giorno, includendo anche la politica, l'economia e le arti"*[164]. Per uscire da questo impasse con le nazioni asiatiche che ancora oggi detengono primati per l'utilizzo della pena capitale

---

[163]Ivi, p. 233.
[164] Ivi, p. 235.

141

occorre affidarsi anche ad alcuni elementi presenti nella loro cultura e che fanno riferimento alla religione e filosofia buddista. Per il buddismo esiste un'etica delle reciproche responsabilità e quindi nessuno può esimersi dagli obblighi verso se stesso, gli altri e il cosmo. La pratica della Compassione può favorire lo sviluppo di un dialogo intavolato sul rispetto della persona umana. Grazie all'*engaged buddhism* promosso anche da Aung San Suu Kyi il dibattito sui diritti umani può evolversi in maniera proficua anche con chi rifiuta l'occidentalizzazione del concetto dei diritti dell'uomo. Prospettiva ampiamente condivisa dal premio nobel per la pace e guida del buddismo tibetano il XIV Dalai Lama che si è espresso più volte contro la pena di morte: *"Sono assolutamente contrario alla pena di morte, che in Tibet fu abolita dal mio predecessore. Trovo inconcepibile che essa sia mantenuta in vigore in grandi paesi come la Cina e l'India: uccidono ancora la gente in nome della giustizia nel paese del Mahatma Gandhi, nel paese stesso in cui insegnò il Buddha! La pena di morte è pura violenza, barbarica e inutile, addirittura pericolosa, perché può solo condurre ad altri atti di violenza, come d'altronde ogni violenza. La punizione massima dovrebbe essere la detenzione a vita, senza la pratica di alcuna brutalità*". Ed ha scritto nel libro *I consigli del cuore* che: "*Un criminale è un essere come gli altri, che in certe situazioni può diventare migliore nello stesso modo in cui voi e io possiamo, in date circostanze, diventare peggiori. Diamogli una possibilità. Non consideriamolo come un essere irreparabilmente nocivo, di cui bisogna sbarazzarsi a ogni costo. Quando il nostro corpo è ammalato non lo distruggiamo, cerchiamo di guarirlo. Perché dovremmo distruggere gli elementi malati della società, anziché curarli?*".

Bisogna far dialogare le diverse culture e raggiungere validi obiettivi per debellare pratiche come la tortura, e la pena capitale. Ciascuno di noi, nonostante i diversi e moltelpici punti di vista, è responsabile dell'Altro. Durante l'omelia di inizio pontificato avvenuta il 19 marzo 2013 papa Francesco ha invitato l'umanità a riscoprire il valore della tenerezza. Rivolgendosi ai governanti e ai politici di tutto il mondo ha ricordato che: "*Siamo custodi della creazione, del disegno di Dio iscritto nella natura, custodi dell'altro, dell'ambiente; non lasciamo che segni di distruzione e di morte accompagnino il cammino di questo nostro mondo (...) Ma per custodire dobbiamo anche avere cura di noi stessi! Ricordiamo che l'odio, l'invidia, la superbia sporcano la vita! Custodire vuol dire, allora, vigilare sui nostri sentimenti, sul nostro cuore, perché è proprio da lì che escono le intenzioni buone e cattive: quelle che costruiscono e quelle che distruggono! Non dobbiamo avere paura della bontà, anzi neanche della tenerezza!".*

* * *

Dopo aver letto numerosi casi di uomini e donne condannati a morte dallo Stato, e grazie anche agli episodi narrati da grandi scrittori come Victor Hugo, Oscar Wilde, Albert Camus e Truman Capote possiamo riflettere sul caso di Clayton Lockett, morto per iniezione letale il 29 aprile 2014 nel carcere di Oklahoma dopo atroci sofferenze. Il mix di farmaci che doveva togliergli la vita in modo indolore ha scatenato invece nell'uomo sofferenze inammissibili. In un primo momento si pensava che l'uomo si trovasse già in uno stato di incoscienza mentre ad un tratto Clayton cercò invano di alzare una mano e la testa contorcendosi dal dolore. L'assassino assassinato dallo Stato è riuscito a sussurrare: "C'è qualcosa che non va". Sono stati 43 minuti di inutile agonia. Come diceva Camus l'assassino ha ucciso una volta, lo Stato lo uccide per ben due volte. Qualcuno ha pensato che la sofferenza di Clayton poteva controbilanciare la sofferenza che lui aveva procurato alla giovane dicianovenne Stephanie Neiman, da lui derubata, picchiata, stuprata, uccisa e seppellita mentre ancora respirava.

L'ex governatore dello Stato di New York, Mario Cuomo, ha dichiarato dopo questa esecuzione: *"Una cosa orribile, una barbarie, un orrore che ci ricopre di vergogna e che noi dovremmo riuscire a superare"*. In una intervista Mario Cuomo ha detto: *"Mi sono occupato della pena di morte per tutta la vita, ho ascoltato dibattiti, considerato tutte le posizioni, ma sempre sono arrivato alla conclusione che essa è sbagliata perché sminuisce tutti noi; è un modo di arrenderci al peggio che abbiamo dentro; essa usa un potere – il potere di uccidere "per legge" – che non ispira niente altro che maggiore odio (...) Qui si tratta di rispetto per la vita umana e quello lo si impara da bambini, non dimenticherò mai il giorno in cui dentro di me maturarono due convinzioni che poi hanno caratterizzato la mia politica: l'opposizione alla pena capitale e al possesso incontrollato di armi. Ero solo un bambino, era il periodo natalizio ed ero con mia madre in un negozio di South Jamaica nel Queens. Mi misi a piangere perché volevo un giocattolo e mia madre mi disse che potevo sceglierne solo*

145

uno. Presi una pistola e la portai da lei perché pagasse. D'istinto mi diede uno schiaffo sulla mano e mi disse "non prendere mai più una pistola, a meno che tu non sia un poliziotto". Dopo mi spiegò anche che bisognava essere molto cauti con le armi perché bastava premere un grilletto per uccidere una persona. Da allora ho sempre avuto paura delle armi e maggior rispetto della vita umana". E ancora: *"Ho apprezzato le parole del presidente Obama a favore di una riflessione sulla pena di morte. Tutti coloro che hanno potere e soprattutto quelli che detengono i poteri più importanti, dovrebbero essere i più sensibili, perché tutti loro hanno un obbligo morale di raccontare al mondo l'orrore della pena di morte e la realtà che ci dice che non si sta facendo nulla di buono uccidendo "delle persone morte" anzi si sta solo aggiungendo crudeltà (...) Personalmente sono imbarazzato a pensare che il mio paese, gli Stati Uniti d'America, da tanti anni continuino a mettere in pratica la pena capitale. So che questo cambierà e spero che accada al più presto possibile in tutti gli Stati dove è ancora in vigore".*[165]

---

[165] http://espresso.repubblica.it/internazionale/2014/05/12/news/gli-orrori-della-pena-di-morte-mauro-cuomo-denuncia-provo-imbarazzo-per-il-mio-paese-1.164897

Le dichiarazioni di Obama a cui si riferiva Cuomo furono rilasciate dal presidente Usa in merito al caso di Oklahoma: *"In questo Paese abbiamo avuto vari problemi con l'applicazione della legge sulla pena di morte. Questioni razziali, decisioni inique, situazioni in cui persone nel braccio della morte sono poi state riconosciute innocenti sulla base di prove emerse in un secondo momento. Tutto questo solleva significative domande su come applichiamo la legge"*.

* * *

Bisogna aprire una breve parentesi sull'applicazione della pena capitale da parte di alcuni Stati a larga maggioranza di fede musulmana. Purtroppo la questione della pena di morte non riguarda solamente un fattore legale ma disgraziatamente anche religioso. Le leggi islamiche prevedono come condanna alle donne considerate adultere, la lapidazione. Questa assurda applicazione non trova reale riscontro nel libro sacro dei fedeli musulmani, il Corano, ma viene attuata in base all'interpretazione fondamentalista dell'islam. Per comprendere meglio la situazione mi avvalgo della descrizione

147

fatta dallo scrittore afgano Khaled Hosseini: "*Due talebani con il kalashinikov sulle spalle fecero scendere l'uomo e altri due la donna. [...] Arrivarono altri talebani e tutti assieme la costrinsero a calarsi dentro una delle buche. L'uomo bendato non oppose resistenza e prese posto nell'altra. A quel punto i corpi dei due sporgevano dal terreno dalla vita in su [...] Conclusa la preghiera il religioso si schiarì di nuovo la voce. «Fratelli e sorelle!» esordì parlando in farsi. «Oggi siamo qui riuniti per assistere a un atto di ubbidienza alla shari'a [...] Ogni peccatore deve essere punito in modo conforme al suo peccato» ripeté il religioso abbassando la voce e scandendo ogni parola con drammatica lentezza. «E quale punizione, fratelli e sorelle, spetta agli adulteri? Come dovremmo trattare coloro che sputano in faccia a Dio?» [...] Il talebano con gli occhiali scuri si diresse verso il mucchio di pietre, ne raccolse una e la mostrò al pubblico trepidante. Poi, assumendo l'assurda posizione di un lanciatore di baseball, scagliò la pietra contro l'uomo bendato colpendolo alla tempia. La donna continuava a emettere grida strazianti. Un improvviso «OOH!» si levò da un capo all'altro dello stadio [...] L'uomo nella fossa era ridotto a un ammasso sanguinolento. La testa era caduta in avanti, il mento sul petto.*"[166] Tali parole ci descrivono l'abominevole tragedia che si consuma spesso in ambienti culturalmente non sviluppati, dove l'interpretazione di leggi coraniche vengono affidate a uomini ignoranti e privi di scrupolo. Purtroppo questa sorte non è riservata soltanto alle donne in cerca di emancipazione, ma in special modo anche agli intellettuali che attraverso le loro opere sono tacciati di blasfemia per aver criticato il clima politico o peggio ancora la dottrina maomettana.

Ricordiamo che lo scrittore iraniano Salman Rushdie ha vissuto per anni sotto scorta perché Khomeini lanciò una fatwa sulla sua persona; condannandolo quindi a morte per aver scritto il libro *I Versi satanici*. A dire dell'ayatollah, l'opera di Rushdie avrebbe offeso il profeta Maometto[167]. Taluni aspetti negativi, ma relativi a zone poco emancipate culturalmente, contribuiscono spesso e volentieri, nell'immaginario collettivo, ad identificare la religione islamica come la religione dell'odio e della morte per opera dei terroristi che fecero crollare nel

---

[166] K. Hosseini, *Il cacciatore di aquiloni*, Piemme, 2004, pp. 281-282.
[167] Cfr. C. Hitchens, *Dio non è grande. Come la religione avvelena ogni cosa*, Einaudi, Torino 2007, pp. 28 – 30.

tragico 11 Settembre del 2001 le Twin Towers di New York. Le cose purtroppo non stanno così[168]. La *sharia* nota come legge santa dell'islam ha come significato etimologico "via verso un punto d'acqua". Però: *"se seguire la via è bene, deviarne è male, e una varietà di termini che denotano miscredenti, propagatori di errori e ribelli hanno significato principale l'allontanarsi dalla retta via"*[169].

Il fanatismo religioso distrugge quindi ogni principio di tutela dei diritti dell'uomo. Mi auguro che il mondo islamico riesca a mettere in atto un sistema di rinnovamento per capire che la pena di morte non può essere gradita da nessun Dio; proprio per questo motivo deve essere cancellata dalla propria cultura e da ogni statuto giuridico.

---

[168] A tal proposito si consiglia la lettura del libro: G. La Torre, *Bibbia e Corano. Due mondi sotto un unico cielo*, Claudiana, Torino 2008
[169] B. Lewis, *Il linguaggio politico dell'Islam*, Editori Laterza, 2005, p. 23.

Morte di un ex dittatore: Saddam Hussein

Una vignetta apparsa sul quotidiano il *Corriere della sera*[170]proprio all'indomani della notifica della sentenza emessa dalla corte d'appello irachena sulla condanna a morte di Saddam Hussein è molto esplicativa in tal senso. La vignetta di Giannelli raffigura due uomini seduti sulla panchina, il primo con il giornale in mano dice all'altro: "Sarà eseguita la condanna a morte di Saddam". L'altro per tutta risposta afferma "Finalmente esportato in Iraq, il modello americano".

La vignetta con una sottile ironia illustra che se lo scopo della missione americana di esportare il modello democratico degli states in un ex regime dittatoriale consisteva proprio nell'affermare la più infame delle pene, si può ben dire che il presidente Bush aveva raggiunto il proprio scopo.

Purtroppo gli ultimi giorni del 2006 si sono proprio conclusi con la condanna a morte dell'ex raìs Saddam Hussein; una esecuzione avvenuta all'alba del 30 dicembre, voluta ed emessa da un tribunale alquanto discutibile così come l'intero

---

[170] Esattamente il 27/12/2006

processo. Alle spalle del tribunale iracheno vi era lo spettro ingombrante degli Stati Uniti d'America.

Proprio nell'era del linguaggio globale in ogni parte del mondo sono giunte le ultime immagini dell'ex dittatore che con composta eleganza ed un terrore dipinto sul volto si accingeva a salire sul patibolo.

Proprio sul luogo della propria morte Saddam veniva informato dal boia sulla procedura che avrebbe posto per sempre fine alla sua vita.

Immagini che i network mondiali non hanno trasmesso per un finto senso morale ma solamente per l'estrema vergogna che un atto simile potesse ancora oggi essere perpetrato. In internet vi era una sorta di gara a chi diffondeva per prima l'intera sequela di abominio.

Per dovere di cronaca bisogna ricordare che Saddam Hussein fu catturato dagli americani il 13 dicembre 2003 a Tikrit (per altro sua città natale) e condotto sotto la "protezione" degli americani in una prigione per affrontare il processo iniziato nel 2005.

Da allora si è tentato in tutti i modi di imbastire un processo credibile e con una mal celata parvenza democratica.

Gli Usa, che come detto avevano già preventivato l'esecuzione del dittatore ancor prima della cattura, hanno fatto in modo che ciò avvenisse così come da copione.

Con questo non affermo l'innocenza di Hussein che sappiamo benissimo essersi macchiato di crimini contro l'umanità dato che fu accertata la propria responsabilità nella strage di Duyail del 1982 in cui perirono 148 sciiti; ma si vuole affermare la discutibilità della pena capitale.

L'immagine di un anziano impaurito, senza potere e impiccato dovrebbe forse placare la mia sete di giustizia? Non credo affatto.

L'uomo che un tempo si chiamava guida di un popolo era diventato soltanto l'ombra di stesso; un uomo il cui potere ha corroso ogni aspetto "glorioso" del proprio passato.

Ancora una volta uno Stato nascente come quello iracheno non ha saputo elevarsi al di sopra della passione omicida che si annida dietro l'essere umano.

Le cronache di chi ha assistito personalmente alla sua morte ci hanno raccontato che Saddam Hussein è trapassato in maniera rapida e che subito dopo il fragore della botola apertasi sotto i suoi piedi si è udito il rumore secco del collo spezzato, e che il suo corpo senza vita è stato lasciato penzolare per dieci minuti.

La macabra liturgia della pena di morte ha così continuato ad assassinare legalmente un altro assassino.

Sebbene la Chiesa affermò proprio in quei giorni tramite il portavoce della sala stampa vaticana Federico Lombardi che: *"la posizione della Chiesa sulla pena capitale è chiara (?! n.d.r), [...] poiché ogni persona è creatura di Dio. E che nessuno può ritenersi padrone della vita e della morte altrui"*; si dovrebbe citare, a tal proposito, un padre della chiesa e del pensiero filosofico come San Tommaso d'Aquino che legittimò il tirannicidio e papa Paolo VI, prossimo beato, che nella *Populorum Progressio* giustificò l'*insurrezione rivoluzionaria*, solamente: *«nel caso di una tirannia evidente e prolungata che attenti gravemente ai diritti fondamentali della persona e nuoccia in modo pericoloso al bene comune del Paese»*.

Una storia quella dei dittatori e dell'infierire sul loro cadavere che ci riporta in quanto italiani all'orrore di piazzale Loreto dove i corpi senza vita di Benito Mussolini e della sua amata Claretta Petacci furono esposti al pubblico ludibrio.

Mussolini non subì alcun processo e fu fucilato insieme alla Petacci dai partigiani. Perfino in tempi recenti, e più precisamente il 20 ottobre del 2011 è stato ucciso il dittatore della Libia il colonnello Mu'ammar Gheddafi. Un gruppo di guerriglieri della rivoluzione lo ha preso a Sirte e quasi sicuramente mentre il dittatore tentava di fuggire deve essere stato percosso visto il sangue che gli scendeva sul viso. Un giovane di circa 20anni lo ha ucciso senza remore in uno scontro con i sostenitori del colonnello e le forze del Cnt. Il video girato con un telefonino e poi trasmesso da tutte le televisioni mostra Gheddaffi implorare pietà prima di ricevere un colpo secco alla testa. All' uccisione del raìs seguirono le grida di giubilo dei manifestanti che si avventarono sul cadavere e si fotografarono persino vicino al corpo del defunto. Dopo anni di repressione il popolo manifestava il desiderio di libertà accanendosi con il corpo di quello che fu il loro dittatore.

Ricordo inoltre che nel 1989 a Bucarest il dittatore romeno Nicolae Ceausescu insieme alla moglie Elena furono fucilati dopo aver subito un processo velocissimo ad opera di un tribunale militare.

Ma la questione fondamentale ritengo essere che dopo la morte del dittatore iracheno l'Europa ha riacceso i dibattiti sulla pena di morte, come se questa non fosse mai avvenuta per altre persone. L'intervento dell'ormai papa emerito Benedetto XVI, che non aveva mai proferito parola sulle esecuzioni nel mondo

155

e in democrazie come quella americana, ci fecero intendere che forse qualcosa sarebbe cambiato nel mondo. Diversi anni dopo si può affermare che nulla si è risolto in tal senso.

Albert Camus diceva infatti che esistono altri mezzi per punire dei criminali incalliti; ad esempio sottoponendoli ai lavori forzati e la galera a vita.

Non è assassinando un assassino che lo Stato riacquisterà autorevolezza e giustizia.

Articoli

Alle radici della nostra moderna coscienza civile

Dall' anno 2000 il Consiglio Regionale della Toscana ha approvato una legge per celebrare, il 30 novembre, la 'Festa della Regione Toscana', una festa che vuole essere un omaggio a tutti coloro i quali si riconoscono nei valori della pace, della giustizia e della libertà, la cui voce echeggiava alle cinque della sera del 30 novembre del 2000, giorno della prima celebrazione della festività, quando le campane hanno suonato a festa in tutta la Toscana per un laico rito della memoria. La Regione, con in testa il suo capoluogo, infatti, ha istituito la festa commemorativa del 30 novembre, per ricordare il giorno in cui ricorre l'anniversario della Riforma Penale promulgata, a quella data nel 1786, da Pietro Leopoldo di Lorena, Granduca di Toscana dal 1765 al 1790. Con tale Riforma, che del Granduca fu " monumento e gloria", secondo uno storico del primo Novecento, la Toscana divenne il primo Stato al mondo in cui si abolì la pena di morte, uno degli atti più incivili perpetuati fino ad allora da tutti i governi, "conveniente - secondo Pietro Leopoldo - solo ai popoli barbari". Il 30 novembre, pertanto, non è una data fondamentale solo per l'antico Granducato di Toscana o interessante per coloro che si occupano di storia, è il primo giorno di una storia nuova per tutti gli uomini dal XVIII secolo ai nostri tempi. Fu il principio di una rinnovata vita per l'intera umanità, una vita che nacque lungo le sponde dell'Arno. "Abbiamo veduto -leggiamo al LI articolo della Riforma- con orrore con quanta facilità nella passata Legislazione era decretata la pena di Morte per Delitti asco non gravi, ed avendo considerato che l'oggetto della Pena deve essere la sodisfazione al privato, ed al pubblico danno, la correzione del Reo figlio anche esso della Società e dello Stato, della di cui emenda non può mai disperarsi, la sicurezza nei Rei dei più gravi ed atroci Delitti che non restino in libertà di commetterne altri, e finalmente il Pubblico esempio; che il Governo nella punizione dei Delitti, e nel servire agli oggetti ai quali questa unicamente è diretta, è tenuto sempre a valersi dei mezzi più efficaci col minor male possibile al Reo ...avendo altresì considerato, che una ben diversa Legislazione potesse più convenire alla maggior dolcezza, e docilità di costumi del presente secolo, e specialmente nel popolo Toscano, Siamo venuti nella determinazione di abolire come Abbiamo abolito con la presente Legge per sempre la Pena di Morte contro qualunque Reo..." . Con l'abolizione della pena di morte aveva anche termine l'uso della tortura e della mutilazione delle membra.

La fine dell'orrore era sancita e non poteva che esserlo "per sempre", come legifera il Granduca, figlio di un secolo che tanta luce portò agli uomini. Questa legge, in parte ispirata al Codice giuseppino, trovava la sua fonte principale nelle concezioni filosofiche dell'Illuminismo e soprattutto nell'opera più famosa dell'Illuminismo italiano, `Dei delitti e delle pene', che Cesare Beccarla ebbe in Toscana la possibilità di pubblicare per la prima volta, a Livorno, nel 1764.

"La legge del 30 novem. 1786, scrisse l'esimio F. Forti, ha ottenuto una celebrità europea. Opera più generosa non ebbe mai la sanzione di un monarca. Le idee filosofiche allora predominanti sono accolte con fede e con onore nella legge criminale di Leopoldo" (Antonio Zobi).

A suggello di quanto stabilito con la Riforma leopoldina, comandando il Granduca "la demolizione delle Forche ovunque si trovino" (art. LIV), con perfetto contrappasso finirono al rogo le forche e gli strumenti di tortura, segno tangibile, volutamente spettacolare, della nascita di una nuova epoca, della "morte della pena di morte" che in Firenze ebbe teatro nelle Prigioni del Bargello come ricorderà più tardi, nel XIX secolo, il pittore Giovan Battista Silvestri, dipingendo in acquerello i falò dei patiboli fra le severe bugne del Palazzo del Podestà.

Ai nostri giorni, nel cortile della Dogana di Palazzo Vecchio, il Comune di Firenze ha voluto collocare una lapide dove riprodurre un testo redatto subito dopo la promulgazione della legge, nel dicembre del 1786, proprio per una targa marmorea commemorativa. L'epigrafe settecentesca, composta dal georgofilo Giuseppe Pelli Bencivenni su richiesta di Francesco Seratti, il quale aveva curato la stesura finale della Riforma, così recita: "Per memoria della Toscana felicità quando Pietro Leopoldo con legge de' 30 novembre 1786 la pena di morte, l'infamia, la tortura, ogni delitto di lesa maestà colla confiscazione delle sostanze cancellò per primo in Europa dalla vecchia legislazione"; motivazioni che rendono Firenze orgogliosa del suo passato.

Se a chiusura del Settecento era stato auspicato di porre la lapide nel punto esatto dove fino alla metà di quel secolo, a quanto ancora testimoniano un dipinto e una nota stampa di Giuseppe Zocchi, si eseguiva il "supplizio della fune", ovvero all'esterno del Bargello, per ricordare, con altrettanta pubblicità, la fine dell'antico e duro sistema penale, oggi. una più serena visione storica e politica, che il passare del tempo ha permesso, ha suggerito all'Amministrazione Comunale di allocare la targa in un "posto d'onore", nel palazzo da sempre sede del governo cittadino.

La cessazione delle antiche barbarie e la volontà che abbiano termine quelle che, in tutto il mondo, non si sono ancora placate è stata ribadita dal rogo del patibolo e degli strumenti di tortura che si è consumato in piazza della Signoria in occasione della prima 'Festa della 'Ihscana' per volere ell'Amministrazione della città di Firenze che desidera riproporre, di anno in anno, nel giorno dedicato alla festa, delle iniziative, di vario genere, che coinvolgano, insieme agli studiosi, agli storici, ai politici della Toscana tutta e non solo, i cittadini di Firenze.

Con l'istituzione della 'Festa della Regione Toscana' si vuole ricordare la grandiosità dell'atto di civiltà legislativa messo a punto da Pietro Leopoldo, per non cancellare dalla memoria di tutti l'origine del cammino lungo e tortuoso per la salvaguardia dei diritti dell'uomo che ha visto la Toscana e i suoi governanti del passato svolgere un ruolo da protagonisti e non da comprimari o, più semplicemente, da spettatori; un cammino che continua incessantemente come 'La Carta dei diritti dell'Unione Europea' del 2000 ha sottolineato sentendo la necessità di ribadire, ancora oggi, il diritto di ogni uomo a non essere condannato a morte da altri uomini.

Una festa, quindi, istituita per riproporre un momento saliente della storia moderna e per aggregare i toscani attorno ad una data di grande significato civile, ricordandoli che per primi al mondo i loro antenati hanno visto abolita la pena di morte. "Quello di Pietro Leopoldo è uno degli atti fondanti di questa terra e dello Stato cui appartiene" (Mario Luzi).

http://www.comune.fi.it/mese/festivita/regionetoscana.htm

Enzo Biagi: Gli infelici, la Chiesa e la pena di morte

C'è polemica: la Chiesa cattolica ammette, sia pure in casi particolari, la pena di morte, ponendosi così, come ha osservato Romano Prodi, fuori dalla costituzione europea. Mi ricorda, e mi sia perdonata l'irriverenza, la storiella di quel fidanzato che aveva la «morosa» in stato interessante, ovviamente soprattutto per lui, e confessava: «È incinta, ma appena appena». Qualche scarica elettrica, ma saltuariamente. Nella mia storia di uomo, e in quella di cronista, ho visto condannare, e anche morire, della gente. Sette avevano una colpa: indossavano la divisa della Wehrmacht, il panno grigio bagnato odorava, anzi: puzzava, di terra fradicia, di frasche, di margarina, di guerra fatta nei boschi. Il loro reparto aveva ammazzato ottanta disgraziati; un soldato che portava sulle spalle una pelliccia di agnellino di una signora sfollata in un villaggio della montagna emiliana, venne falciato da una raffica, di un partigiano chiamato «l'Alpino», e cadde sotto un ombrellone di tela cerata verde.

Io so il tedesco che serve per andare in stazione, o a spasso, o in trattoria, ma ascoltavo le loro disperate confessioni, capirono quando gli dissero di togliersi le scarpe. «Ich bin in Österreich geboren», sono austriaco, diceva un giovanotto, e mostrava la foto di una ragazza bionda in bicicletta, che sorrideva senza sapere perché, un altro sputava su un francobollo con la faccia di Hitler. Morirono in una macchia di quercioli, guazzavano nelle pozzanghere; poi i bambini dei contadini saltellavano dentro scarpe troppo grandi per loro.

163

Feci la radiocronaca, forse la prima e certo anche l'unica, di un processo per collaborazionismo, per l'emittente americana del Pwb, quella dell'esercito addetta alla propaganda. C'era chi l'ascoltava nelle piazze in quella crudele e calda estate del 1945. Io parlavo e commentavo, ore ed ore, ed ero sconvolto. Il magistrato che lesse la sentenza non mi parve turbato. Si era addormentato, e arrivò in ritardo all'esecuzione. Il condannato aspettò fumando seduto su una cassa di legno grezzo.

In America ho visitato il carcere di Ellis Unit, Texas, braccio della morte. Tanti ragazzoni che aspettavano la visita del cappellano e l'ultimo pranzo speciale: menù libero, anche il tacchino e la torta di mele, proprio come fa tua madre. Sono entrato nel carcere Usa di Gary, e in quello di Huntsville, Texas, dove c'erano alcuni detenuti in attesa, come si dice nel gergo penitenziario, di «friggere».

C'è una stanzetta allestita per la cerimonia: uno sconosciuto, non un medico, inietta nelle vene del detenuto, legato mani e piedi a un lettino, la sostanza che in tre secondi lo uccide. È il direttore che togliendosi gli occhiali dà il segnale. Nel giugno del 1953 entrarono nella «Death House», nella casa della morte, i coniugi Rosenberg, accusati di avere trafugato notizie, poi risultate di scarsa utilità scientifica, a favore dei russi. Il caso fa ancora parte dei rimorsi degli Usa: dopo, per lo stesso crimine, sarebbero stati condannati a una pena tra i cinque e i dieci anni. Ma nessuno pensa di abolire la condanna fatale, anche se queste sentenze non sembra migliorino la gente o incutano salutari timori nei possibili delinquenti.

Credo sia umano e anche cristiano opporsi a leggi che decidono della vita, una scelta che competerebbe solo a Dio. L'ultimo infelice che ho incontrato, due anni fa, è stato Joe Cannon, a 17 anni assassino di una donna; prima di andarsene, attraverso un'amica piangente, volle mandarmi un saluto, e scusarsi se non aveva dimostrato abbastanza gratitudine perché mi ero occupato della sua tristissima storia.

Era un ragazzo quando, drogato e disperato, diventò un assassino: forse Joe aveva già pagato con la lunga agonia. È durata venti anni, e hanno ucciso un'altra persona. (Corriere 11/1)

http://www.coalit.it/news/index.asp?id=8

Impiccagione in diretta, ora di cena

Mi dispiace molto che le autorità competenti non abbiano dato il permesso perché l'ultima impiccagione negli Stati Uniti fosse ripresa per televisione. Anzi, si doveva impiccare il condannato alle venti, ora dell'East Coast, per fare in modo che a New York ci fossero buone probabilità di vederlo durante la cena con una birra davanti al televisore nel Midwest (dove si va a tavola prestissimo), e in California mentre si sorseggia un Dauquiri presso la piscina. Da noi, visto che ormai sarebbe notte, lo si dovrebbe ritrasmettere nel telegiornale serale del giorno seguente.

Che la gente sia a tavola è molto importante: il rumore del collo che si spezza, i sussulti dell'addome, o le gambe che scalciano per un poco debbono interagire con l'attività di deglutizione del cibo, dico da parte del pubblico. In casi di sedia elettrica bisognerebbe fare in modo che il condannato sfrigoli per qualche secondo, magari mentre sul fornello di casa scoppiettano le uova al burro. Col gas lo spettacolo è assicurato, perché al condannato è stato detto di aspirare di colpo e profondamente, che è già di per sé molto televisivo, e poi ci sono i sussulti. Sconsigliabile l'iniezione, perché si perde tutto il bello della diretta e tanto varrebbe trasmetterla per radio.

Capisco che la proposta suoni impopolare, proprio mentre la Disney italiana ha proibito ai suoi soggettisti di far dire a zio Paperone che vorrebbe strozzare Paperino, perché sarebbe incitazione alla violenza. E' atroce che, per ragioni di cassetta, si producano film dove la gente spara con mitra megagalattici e fa schizzare pezzi di cervello e rivoli di sangue. Ma bisogna distinguere tra giochi di finzione che possono turbare gli

166

innocenti (o indurre a comportamenti aberranti i deboli di spirito) e il dovere di cronaca.

Per quanto riguarda la pena di morte il mondo si divide in due categorie: coloro che la condannano (come me) e coloro che ne sostengono la necessità. Coloro che la condannano, se sono deboli di stomaco, quando sia in programma una esecuzione capitale possono tenere la televisione spenta. Ma almeno parteciperanno in qualche modo all'elaborazione del lutto. Se a quell'ora uccidono un uomo, tutti debbono in qualche modo partecipare, sia pure pregando, o leggendo Pascal ad alta voce in famiglia. Debbono sapere che quella sera sta accadendo una infamia. E se guardano, si sentiranno in qualche modo più coinvolti nel condannare questa barbarie, senza limitarsi a dire che non sono d'accordo – così come vedere sullo schermo il bambino africano denutrito pone qualche problema alla buona coscienza di ciascuno.

Poi ci sono coloro che la pena di morte l'appoggiano. E questi devono vedere. Prevedo l'obiezione: posso sostenere che è bene fare operazioni di appendicite, ma per piacere non fatemele vedere all'ora di cena. Ma con la pena di morte non è in questione una operazione su cui tutti sono d'accordo. E'in questione il senso, il valore della vita umana, e della giustizia. Quindi non facciamo storie. Se tu sei per la pena di morte, devi accettare di vedere il condannato che scalcia, erutta, bolle, sussulta, tossisce, rende l'animaccia a Dio. Nel passato erano più onesti, compravano i biglietti per assistere al supplizio, e godevano come matti. Anche tu, che sostieni la suprema giustizia della pena di morte, devi "godere": mangiando, bevendo, facendo il cavolo che vuoi, ma non puoi fare finta che questo non esista, mentre ne sostieni la legittimità.

Dice: "E se ci ho la moglie incinta e poi mi abortisce?" E allora? Il nuovo catechismo ammette che uno stato possa legiferare la pena di morte. Dice anche che non devi abortire, ma solo se abortisci di tua volontà. Se abortisci vedendo uno che scalcia nel vuoto, non è peccato.

Umberto Eco l'Espresso 1993

Gli orrori dei lager nazisti: responsabilità dei medici e dell'industria farmaceutica

di Paola Franz

Una delle più terribili pagine della "scienza medica" fu scritta durante il nazismo. I detenuti dei lager subirono maltrattamenti perversi, la fatica del lavoro forzato che li portava alla morte, la fame, tutte le atrocità che conosciamo anche attraverso testimonianze di persone che hanno vissuto quei momenti e attraverso filmati, che ci continuano a toccare profondamente in un dolore sempre nuovo. Oltre a tutto ciò furono utilizzati come cavie umane. I medici nazisti attraverso gli esperimenti volevano provare "scientificamente" la superiorità della razza ariana, per giustificare la distruzione di intere popolazioni ritenute "inferiori". Per quest'ultimo fine furono istituiti esperimenti sulla sterilizzazione di massa che portarono alla morte migliaia di donne e uomini attraverso terribili tormenti.

Ma la follia ed il sadismo non si arrestarono, furono effettuati esperimenti al solo fine di annichilire le persone ed umiliarle all'inverosimile. Anche l'industria si rese complice delle torture inflitte ai prigionieri, sostenendo economicamente la sperimentazione di nuovi farmaci. Heinrich Himmler, l'"architetto del genocidio", uno degli uomini più potenti della Germania nazista, comandante di tutte le forze di polizia tedesca, si assunse la completa responsabilità circa la "ricerca scientifica" su cavie umane e in tal modo diede un'ulteriore giustificazione alle coscienze di chi effettuò tali misfatti; Himmler semplificò al massimo le difficoltà burocratiche in modo da poter accelerare le deportazioni. Nell'assurdità degli eventi, rimane comunque incredibile l'implicazione di importanti medici, Istituti di Medicina e industrie farmaceutiche. I farmaci contro il tifo dei laboratori I.G. Farben

169

(Bayer) furono sperimentati su prigionieri di Auschwitz, quelli contro la tubercolosi a Dachau e a Neuengamme. In quest'ultimo caso furono utilizzati 20 bambini fra i 5 e i 12 anni che vennero infettati con il micobatterio della tubercolosi e sottoposti ai più atroci esperimenti. Vennero trucidati per mascherare le nefandezze che erano state commesse. Il dottor Kurt Heissmeyer, uno dei principali responsabili, dopo la guerra si trasferì a Magdeburgo dove fu reputato un grande luminare degli studi sulla tisi fino alla morte. Il Rutenol e il preparato Be 1034, prodotti dalla Bayer, furono sperimentati a Auschwitz, Dachau, Gusen, Lipsia, Sachsenhausen, per curare malattie infettive, fra le quali l'epatite virale, i cui germi erano stati inseriti preventivamente nelle vittime. Il dottor Helmuth Vetter pubblicò un lavoro a riguardo sotto gli auspici della Bayer.

I vaccini della IG Farben (Bayer) e della Berhing contro il tifo esantematico furono esperimentati a Buckenwald su prigionieri preventivamente infettati. La Schering Werke inventò e produsse una sostanza per sterilizzare le donne che venne utilizzato dal professor Carl Clauberg nei suoi esperimenti di sterilizzazione di massa. Furono effettuati anche studi sulla malaria e la dissenteria, i primi furono effettuati a Dachau e il 90% delle vittime morì a causa della tossicità dei farmaci mentre solo il 10% per la malaria, quelli sulla dissenteria vennero effettuati ad Auschwitz e il dottor Josef Mengele effettuò la vivisezione diretta dei prigionieri. Gli esperimenti a Buchenwald sulla febbre gialla, che furono effettuati nonostante già esistesse il vaccino, videro coinvolti illustri medici, fra cui il professor Eugen Haagen dell'Università di Strasburgo, e il governo giapponese. Sotto la guida del professor Karl Gebhardt, capo chirurgo del servizio medico delle SS, a Ravensbruck furono effettuati esperimenti sui sulfamidici; dato l'interesse prettamente chirurgico di Gebhardt le ricerche vennero condotte in modo tale da dimostrare l'inefficacia dei farmaci. Furono torturate soprattutto prigioniere politiche polacche, ad alcune furono inferte ferite d'arma da fuoco, ad altre furono praticate ferite negli arti, ed inserite schegge di legno, frammenti di vetro o entrambi infetti con colture batteriche, talora legando i vasi sanguigni in modo da diminuire le difese locali e permettere un miglior sviluppo batterico. È facimente immaginabile l'incredibile sofferenza delle sventurate. Gebhardt fece anche altri atroci esperimenti. Venivano tagliate parti di muscoli, nervi ed ossa e studiato il processo rigenerativo.

Tagliava parti di ossa e le reimpiantava ad altre prigioniere, arrivò a sostituire clavicola e scapola di una prigioniera con quelle di un'altra. Furono effettuati innesti incrociati di osso fra sorelle per verificare la rigenerazione fra consanguinei. A Buchenwald Hans Eisele dirigeva esperimenti di vivisezione, Bruno Weber effettuava trasfusioni tra prigionieri di gruppo sanguigno diverso per studiarne gli effetti mortali, Joachim Mrugowski sparava proiettili avvelenati, altri distribuivano veleni negli alimenti e quelli che sopravvivevano venivano uccisi e sottoposti ad autopsie. Furono studiati gli effetti della denutrizione in tutti i modi, il professor Heinrich Bering effettuò uno studio sistematico su prigionieri di guerra russi e ne documentò tutti i passaggi fino alla morte delle vittime. Hans Wilhelm Koning sottoponeva donne sane e disabili ad elettroshock ripetuti ad alto voltaggio. Altri studiavano gli effetti degli psicofarmaci a dosi elevate.

La Luftwaffe e il Deutsche Versuchsanstalt fur Luftfahrt (Istituto Tedesco per le Ricerche sul Volo) commissionarono una serie di esperimenti volti a verificare la resistenza dei piloti alle grandi altezze, al congelamento in caso si fossero dovuti

171

paracadutare in mare e alla potabilizzazione dell'acqua di mare. Per verificare la resistenza umana al rarefarsi dell'ossigeno ad alta quota, fu portata una camera di decompressione a Dacau, dove furono valutate le reazioni ad una quota di 12.000 metri ed il tempo di morte. Sempre a Dachau fu costruita una vasca profonda 2 metri per verificare i tempi necessari alla morte per congelamento. Furono fatte indossare ai prigionieri vari tipi di tuta e verificate la temperatura e il tempo impiegato a morire. Altri prigionieri furono esposti in vario modo ai gas bellici, fosfogene ed iprite. Gli esperimenti furono condotti a Struthof-Natzweiler dal professor August Hirt e dal professor Otto Bickenbach, entrambi dell'Università di Strasburgo e contemporaneamente a Dachau. Fu spalmato il fosfogene sulle braccia delle vittime creando prima ustioni profondissime, successivamente la perdita della vista e infine la morte fra atroci sofferenze. Fu esperimentata l'urotropina quale antidoto e a tal fine si facevano entrare in una camera a gas coppie di zingari, di cui solo ad uno era stato somministrato l'antidoto.

Fra gli esperimenti più atroci ricordiamo quelli sui gemelli, in cui Josef Mengele ebbe un'importanza rilevante. Il professor Hermann Stieve direttore dell'Istituto di Anatomia dell'Università di Berlino effettuò esperimenti sugli effetti dello stress sul ciclo mestruale a Ravensbruck e nella prigione di Plotensee. I fratelli Eduard ed Helmuth Wirths effettuarono esperimenti sulle prigioniere di Auschwitz; durante una colposcopia quando trovavano qualcosa di anomalo amputavano tutta la cervice uterina (collo dell'utero) e la studiavano. La maggior parte delle donne moriva per emorragia.

Gli esperimenti sulla sterilizzazione di massa furono senz'altro quelli in cui furono torturate il maggior numero di persone. Per comprendere il fenomeno basta leggere alcune lettere. Scriveva

Adolf Pokorny, medico plenipotenziario del Reich per il potenziamento del tedesco ad Himmler: "Se si riuscisse il più rapidamente possibile a trovare un modo per provocare in un tempo relativamente breve una sterilizzazione non visibile, avremmo una nuova formidabile arma. Quante prospettive si schiudono al solo pensiero che i tre milioni di bolscevichi attualmente soggetti ai tedeschi possano essere sterilizzati e utilizzati come operai privati della capacità di riprodursi!" Già dopo la legge sulla sterilizzazione del 14 aprile 1933 erano stati sterilizzati 400.000 cittadini tedeschi reputati indegni di riprodursi, sottoponendo gli uomini a vasectomia e le donne a legatura delle tube; ma il costo era stato troppo elevato (14.000.000 di Reichsmark pari a 5.000.000 di Euro) e proseguire su quella strada parve antieconomico. Quindi la parola d'ordine fu sterilizzare il maggior numero di persone nel minor tempo possibile. A tal fine furono inizialmente utilizzate da Carl Clauberg, insigne specialista nella cura della sterilità femminile, sostanze irritanti che venivano introdotte nell'utero proditoriamente durante una normale visita ginecologica. Fra questi composti uno fu inventato da Johannes Goebel, rappresentante della Schering Werke. Successivamente uomini e donne vennero sottoposte ad Auschwitz ad irraggiamento dei genitali con raggi X. Nel giugno del 1943 Clauberg scrisse ad Himmler una lettera nella quale assicurava che avrebbe potuto sterilizzare 1.000 donne al giorno con l'aiuto di 10 assistenti. I risultati furono terribili e non vi sono parole per descrivere le sofferenze
http://www.disinformazione.it/lager.htm

Auschwitz: il dolore del ricordo!
Di: Cristian Porcino

"Arbeit macht frei" (Il lavoro rende liberi) mi accoglie all'ingresso del campo della morte comunemente noto come Auschwitz. Arrivato a Oswiecim, (Polonia) ero davvero deciso a vedere con i miei occhi l'orrore che uomini come me crearono. Appena varcata la soglia di quel portone, sentii la morte capeggiare su quel terreno dove l'odio pose il fiore, e dove l'uomo che non conobbe amore rimase a piangere il suo dolore. Più mi dirigevo a vedere i vari reparti del campo e più mi accorgevo di come il tempo non aveva ancora mitigato e lenito ferite e sofferenze di ogni essere umano. Insieme a me, un gruppo di ebrei che appena entrati invocarono un grazie ad Adonai per averli fatti scampare dall'inferno. Nei vari reparti, o meglio blocchi, vi erano testimonianze di quanto accadde: capelli tosati senza alcun pudore e rispetto ai detenuti, denti e protesi anatomiche gettate e accatastate dietro vetri, che separavano l'oggi dal passato. Vecchie valigie con i nomi dei proprietari disegnati col gessetto; bagagli che non vennero mai recapitati ai mittenti ma che furono prontamente saccheggiati. E ancora foto e filmati che venivano proiettati in tutte le lingue per favorire la comprensione e la storia del luogo che ci ospitava. Ma non potrò mai dimenticare i forni crematori, che vidi soltanto dopo aver percorso un lungo e tetro corridoio, e dopo aver riflettuto momento per momento alle atrocità vissute in quel luogo, non riuscivo a capacitarmi di come potevano essere esistiti individui simili a me capaci di uccidere senza pietà. Ho pensato in quel momento ai bambini che con gioia di false promesse credevano di andare a fare una doccia e pochi

174

istanti dopo sarebbero passati da un forno mezzi storditi e definitivamente uccisi. Qualche anno fa ebbi l'onore di conoscere Elisa Springer già autrice di un bellissimo libro intitolato *Il silenzio dei vivi* (attualmente in libreria con il seguito *L'eco dei vivi*). La Springer era una sopravvissuta del campo di concentramento di Auschwitz. Ci raccontò che quando arrivò la prima volta ad Auschwitz, era notte fonda e in lontananza, vide uscire dai camini un gran fumo. Tutti i detenuti pensavano che i tedeschi stessero bruciando vestiti vecchi e sporchi, ma mai nessuno di loro osava immaginare che quanto fumava da quei camini era ciò che rimaneva dei corpi di uomini, donne e bambini, e che con un macabro rituale, facevano posto ai nuovi arrivati. La mattina, dopo aver dormito nel fango insieme a molte persone, la chiamarono per sottoporsi alla visita medica. Elisa che durante il tragitto aveva stretto amicizia con una tenera famigliola, assistette ad una scena che soltanto dopo avrebbe realmente compreso. Il medico schierò la famiglia in un gruppo e la Springer nell'altro. La Springer protestò e il dottore rispose: "Resta lì dove sei, domani mi ringrazierai". Quella famiglia la mattina seguente non fece mai più ritorno al campo, né il dì successivo, né l'altro ancora, perché venne bruciata con tempestività nei forni crematori. A distanza di anni, Auschwitz è ancora lì, testimone assoluto per ricordarci che tutto accadde, tutto avvenne e tutto potrebbe un dì riaccadere se l'uomo non dimenticasse e rimuovesse il passato con grande e assurda facilità. E un uomo senza memoria è un uomo morto. Anche se è passato qualche anno della mia visita ai campi di concentramento tedeschi e polacchi, non riesco a nascondere che la pace e la speranza sono dei beni preziosi, che soltanto dopo averli persi, rimpiangi davvero!

"Su tre cose si regge il mondo, sulla giustizia, sulla verità e sulla pace" Rabban Shimon Ben Gamliel

Pubblicato sul mensile *Giornale dell'Etna* il 10 gennaio 2004

Norberto Bobbio, Conferenza tenuta a Rimini il 3 aprile 1981 in occasione della VI assemblea nazionale di Amnesty International

Se noi guardiamo al lungo corso della storia umana piú che millenaria dobbiamo riconoscere, ci piaccia o non ci piaccia, che il dibattito per l'abolizione della pena di morte si può dire appena cominciato. Per secoli il problema se fosse o non fosse lecito (o giusto) condannare a morte un colpevole non è stato neppure posto. Che tra le pene da infliggere a chi aveva infranto le leggi della tribù, o della città, o del popolo, o dello stato, ci fosse anche la pena di morte, e che anzi la pena di morte fosse la regina delle pene, quella che soddisfaceva a un tempo il bisogno di vendetta, di giustizia e di sicurezza del corpo collettivo verso uno dei suoi membri infetti, non è mai stato messo in dubbio. E tanto per cominciare, prendiamo un libro classico, il primo grande libro sulle leggi e sulla giustizia della nostra civiltà occidentale; le Leggi, i N-moi di Platone. Nel libro IX Platone dedica alcune pagine al problema delle leggi penali. Riconosce che "la pena deve avere lo scopo di rendere migliore" ma aggiunge che "se si dimostra che il delinquente è incurabile, la morte sarà per lui il minore dei mali". [...]

Bisogna giungere all'illuminismo, nel cuore del Settecento, per trovarsi per la prima volta di fronte a un serio e ampio dibattito sulla liceità od opportunità della pena capitale, il che non vuol dire che prima d'allora il problema non fosse mai stato sollevato. L'importanza storica, che non sarà mai sottolineata abbastanza, del famoso libro di Beccaria (1764) sta proprio qui; è la prima opera che affronta seriamente il problema e offre alcuni argomenti razionali per dare ad esso una soluzione che contrasta con una tradizione secolare.

Occorre dir subito che il punto di partenza da cui muove Beccaria per la sua argomentazione è la funzione esclusivamente intimidatrice della pena. "Il fine [della pena] non è altro che d'impedire al reo di far nuovi danni ai suoi concittadini e di rimuovere gli altri da farne degli eguali". [...] Se questo è il punto di partenza, si tratta di sapere quale sia la forza intimidatrice della pena di morte rispetto ad altre pene. Ed è questo il tema che si pone ancora oggi e che ha posto la stessa Amnesty International piú volte. La risposta di Beccaria deriva dal principio introdotto nel paragrafo intitolato Dolcezza delle pene. Il principio è il seguente: "Uno dei piú grandi freni dei delitti non è la crudeltà della pena ma l'infallibilità di essa, e per conseguenza la vigilanza dei magistrati, e quella severità di un giudice inesorabile che, per essere un'utile virtù, deve essere accompagnata da una dolce legislazione". Mitezza delle pene. Non è necessario che le pene siano crudeli per essere deterrenti. " sufficiente che siano certe. Ciò che costituisce una ragione, anzi la ragione principale, per non commettere il delitto, non è tanto la severità della pena quanto la certezza di essere in qualche modo puniti. In via secondaria, Beccaria introduce anche un secondo principio, oltre la certezza della pena: l'intimidazione nasce non già dall'intensità della pena ma dalla sua estensione, per esempio l'ergastolo. La pena di morte è molto intensa, mentre l'ergastolo è molto esteso. Dunque, la totale perpetua perdita della propria libertà è piú deterrente della pena di morte.

I due argomenti di Beccaria sono entrambi argomenti utilitaristici, nel senso che contestano l'utilità della pena di morte ("né utile né necessaria", cosi si esprime Beccaria iniziando la sua argomentazione). A questi due argomenti

Beccaria ne aggiunge un terzo, che ha provocato le maggiori perplessità (e che infatti oggi è stato in gran parte abbandonato). L'argomento cosiddetto contrattualistico, che deriva dalla teoria del contratto sociale o dell'origine convenzionale della società politica. Questo argomento si può enunciare in questo modo: se la società politica deriva da un accordo degli individui che rinunciano a vivere nello stato di natura e si danno delle leggi per proteggersi a vicenda, è inconcepibile che questi individui abbiano messo a disposizione dei loro simili anche il diritto alla vita.

Che il libro di Beccaria abbia avuto uno strepitoso successo è noto. Basti pensare all'accoglienza che ad esso fece Voltaire: gran parte della fama del libro di Beccaria è dovuta soprattutto al fatto che esso fu accolto con gran favore da Voltaire. Beccaria era un illustre ignoto; mentre nella patria dei lumi, che era la Francia, Voltaire era Voltaire. "altresì ben noto che per influenza del dibattito sulla pena di morte fu emanata la prima legge penale che abolì la pena di morte: la legge toscana del 1786, la quale nel § 51, dopo una serie di considerazioni tra cui emerge, ancora una volta, soprattutto la funzione intimidatrice, ma non è trascurata la funzione emendatrice, della pena ("la correzione del reo, figlio anch'esso della società e dello stato"), dichiara "di abolire per sempre la pena di morte contro qualunque reo, sia presente sia contumace, ed ancorché confesso e convinto di qualsivoglia delitto dichiarato capitale dalle leggi fin qui promulgate, le quali tutte vogliamo in questa parte cessate ed abolite".

Forse ancora più clamoroso l'eco che ebbe nella Russia di Caterina II, nella cui celebre Istruzione del 1765, quindi immediatamente dopo l'uscita del libro di Beccaria, si legge: "L'esperienza di tutti i secoli prova che la pena della morte non ha giammai resa migliore una nazione". Segue una frase che sembra tolta di peso dal libro di Beccaria: "Se dunque si dimostra che nello stato ordinario di una società la morte di un cittadino non è né utile né necessaria, avrò vinta la causa dell'umanità".

[...]

La pena di morte non serve a diminuire i delitti di sangue. Ma se si riuscisse a dimostrare che li previene? Ecco allora che l'abolizionista deve fare ricorso a un'altra istanza, a un argomento di carattere morale, a un principio posto come assolutamente indiscutibile (un vero e proprio postulato etico). E questo argomento non può esser desunto che dall'imperativo morale: Non uccidere, da accogliersi come un principio che ha valore assoluto. Ma come? Si potrebbe ribattere: l'individuo singolo ha diritto di uccidere per legittima difesa e la collettività no? Rispondo: la collettività non ha questo diritto perché la legittima difesa nasce e si giustifica soltanto come risposta immediata in istato di impossibilità di fare altrimenti; la risposta della collettività è mediata attraverso un procedimento, talora anche lungo, in cui si dibattono argomenti pro e contro; in altre parole, la condanna a morte in seguito a un procedimento non è piú un omicidio per legittima difesa ma un omicidio legale, legalizzato, perpetrato a freddo, premeditato. Un omicidio che richiede degli esecutori, cioè persone autorizzate a uccidere. Non per nulla l'esecutore della pena di morte, per quanto autorizzato a uccidere, è sempre stato considerato un personaggio infame [...]. " una autorizzazione che non giustifica l'atto autorizzato e non lo giustifica perché l'atto è ingiustificabile ed è ingiustificabile perché è degradante per chi lo compie e per chi lo subisce (come si vede, dicendo "degradante", uso un giudizio morale). Lo stato non può porsi sullo stesso piano del singolo individuo. L'individuo singolo agisce per rabbia, per passione, per interesse, per difesa. Lo stato risponde meditatamente, riflessivamente, razionalmente. Anch'esso ha il dovere di difendersi. Ma è troppo piú forte del singolo individuo per aver bisogno di spegnerne la vita a propria difesa. Lo stato ha il privilegio e il beneficio del monopolio della forza. Deve sentire tutta la responsabilità di questo privilegio e di questo beneficio. Capisco benissimo che è un ragionamento arduo, astratto, che può essere tacciato di moralismo ingenuo, di predica inutile. Ma cerchiamo di dare una ragione alla nostra ripugnanza alla pena di morte. La ragione è una sola: il comandamento di non uccidere.

(Amnesty International - Regione Toscana, Né utile né necessaria. Contro la pena di morte, Giunti, Firenze, 1997, pagg. 19-23; 39-41)

http://www.filosofico.net/Antologia_file/AntologiaB/BOBBIO _%20CONTRO%20LA%20PENA%20DI%20MORTE.htm

Pena capitale, esecuzioni in crescita
la colpa è di Iran e Arabia Saudita

ROMA - L'abolizione della pena di morte nell'ultimo anno ha fatto importanti passi avanti in tutto il mondo, ma i dati assoluti sono in aumento per colpa dell'impennata nelle esecuzioni in Iran e Arabia Saudita. E' questo in sintesi il contenuto del Rapporto 2008 dell'associazione "Nessuno tocchi Caino" presentato oggi a Roma. Il documento espone i fatti più importanti del 2007 e dei primi sei mesi del 2008, che, si legge, "confermano l'evoluzione positiva verso l'abolizione della pena di morte in atto da oltre dieci anni".

Tendenza oscurata a livello di cifre globali, spiega il rapporto, dall'escalation "di esecuzioni registrate in Iran, dove sono aumentate di un terzo, e in Arabia Saudita, dove sono quadruplicate". Il risultato finale è che "il numero delle esecuzioni è aumentato: nel 2007 ve ne sono state almeno 5.851, a fronte delle almeno 5.635 del 2006". Ancora una volta, denuncia l'associazione, l'Asia si è confermata il continente dove si pratica la quasi totalità della pena di morte nel mondo: "Se contiamo che in Cina vi sono state almeno 5.000 esecuzioni (in diminuzione rispetto all'anno precedente ma sempre l'85% del totale), il dato complessivo del 2007 per il continente corrisponde ad almeno 5.782 esecuzioni, in netto aumento rispetto al 2006 quando erano state almeno 5.492 e al 2005 quando furono almeno 5.413".

"Le Americhe, prosegue il testo, sarebbero un continente praticamente libero dalla pena di morte, se non fosse per gli Stati Uniti, l'unico paese del continente che ha compiuto esecuzioni nel 2007: 42 le persone giustiziate (erano state 53 nel 2006 e 60 nel 2005)". In Africa, nel 2007 la pena di morte è stata eseguita in sette paesi - Botswana (almeno 1), Egitto (numero imprecisato), Etiopia (1), Guinea Equatoriale (3), Libia (almeno 9), Somalia (almeno 5) e Sudan (almeno 7) - dove sono state registrate almeno 26 esecuzioni contro le 87 del 2006 e le 19 del 2005 effettuate in tutto il continente. In Europa, la Bielorussia continua a costituire l'unica eccezione in un continente altrimenti libero dalla pena di morte. Almeno una esecuzione è stata effettuata nel 2007 e altre tre nei primi mesi del 2008. La Russia, infine, è impegnata ad abolire la pena di morte in quanto membro del Consiglio d'Europa e, nel frattempo, una moratoria delle esecuzioni. I dati sono stati illustrati durante un incontro con la stampa al quale ha partecipato l'ex premier Romano Prodi, insignito del premio "Abolizionista dell'anno". La motivazione del riconoscimento definisce l'ex presidente del Consiglio la "personalità che, più di ogni altra, si è impegnata sul fronte della moratoria delle esecuzioni capitali e dell'abolizione della pena di morte", dato che in veste di premier, il 18 dicembre scorso, "a nome del governo, del Parlamento e del Paese ha portato al successo la risoluzione per la moratoria delle esecuzioni capitali all'Assemblea Generale dell'Onu". "L'approvazione della risoluzione, presentata dall'Italia e co-sponsorizzata da 86 governi di paesi rappresentativi di tutti i continenti - motiva ancora il rapporto - è stata indubbiamente l'evento più significativo del 2007, il coronamento di una campagna condotta per oltre 15 anni da 'Nessuno tocchi Caino' e dal partito Radicale 'Nonviolento', ma anche una pietra miliare verso l'abolizione della pena di morte nel mondo".

(24 luglio 2008)

http://www.repubblica.it/2007/12/sezioni/esteri/pena-di-morte3/rapporto-caino/rapporto-caino.html

«Nigeria, innocenti messi a morte»
Da Abuja

Centinaia di condannati a morte in Nigeria non hanno ricevuto un processo equo e potrebbero dunque essere innocenti. È l'allarme lanciato da Amnesty International in un nuovo rapporto sulla pena di morte nel Paese africano, intitolato «Aspettando il boia». Nel rapporto, redatto in collaborazione con l'organizzazione nigeriana Ledap, Amnesty ha esposto un «campionario di fallimenti» del sistema giudiziario nigeriano, «dominato – si legge in una nota - da corruzione, negligenza e una quasi criminale mancanza di risorse».

«È davvero orribile immaginare quante persone innocenti siano già state e potrebbero ancora essere messe a morte. Il sistema giudiziario è pieno di lacune che possono avere effetti devastanti e, nel caso dei reati capitali, conseguenze mortali e irreversibili», ha dichiarato Aster van Kregten, ricercatrice di Amnesty International.

Molti prigionieri in attesa di processo o nel braccio della morte hanno riferito che la polizia al momento dell'arresto, ha chiesto loro soldi: chi non era in grado di pagare è stato incriminato. A causa dell'elevata criminalità, la polizia è messa sotto pressione per compiere arresti veloci e, talvolta, se non riesce ad arrestare un sospettato, arresta la moglie o il fratello, se non addirittura un testimone.

Condanne alla pena capitale, peraltro, continuano a essere eseguite anche in altri Paesi. In Iran, ad esempio, quattro uomini condannati per traffico di stupefacenti sono stati impiccati. Le impiccagioni, ha riferito ieri il quotidiano Keyhan, sono state eseguite nel carcere della città di Zahedan: i quattro erano stati condannati per aver importato in Iran tre chilogrammi di eroina.

Un'altra condanna a morte è stata eseguita nelle ultime ore in Arabia Saudita. Un uomo, condannato per aver picchiato sua moglie fino ad ucciderla, è stato decapitato con un'ascia a Gedda.

Questa decapitazione porta a 81 il numero di esecuzioni di cui si è avuta notizia in Arabia Saudita dall'inizio dell'anno.

Avvenire n. 251 del 22/10/2008, p. 26

Condannato A Morte *

di Francesco De Gregori

Da qualche parte dicono che vive bene,
che relativamente non gli manca niente
Può bere, camminare, scrivere e respirare,
fantasma senza catene
Da qualche parte dicono è sempre uguale,
anche se non si somiglia più
La mattina di Pasqua con le mani in tasca
e una corona di spine
Da qualche parte al mondo suonano le sirene,
milioni di uomini cominciano a remare
Si confondono il turno della notte e del giorno,
si confondono gli agnelli con le jene
Da qualche parte al mondo dicono va bene,
con una colomba morta fra le mani
Fuori dall'orizzonte con il muro di fronte,
risultato senza soluzione
Condannato a morte
Condannato a vita
Condannato a morte per la vita
Condannato a morte
Condannato a vita
Condannato a morte per la vita
Che silenzio che c'è qui intorno
Che paura che c'è qui intorno
Religione può essere un sentimento,
religione può essere una fuga d'amore
Religione può essere intrattenimento,
religione può essere terrore
Da qualche parte dicono che vive bene,

anche se gli fa paura ogni rumore
Una foglia che cade, una faccia che vede,
una notte che ha sentito abbaiare il suo cane
Da qualche parte al mondo suonano le campane,
milioni di uomini cominciano a pregare
Ognuno dal suo punto cardinale,
nella corrente dello stesso fiume
Da qualche parte dicono va bene,
seduto nella pioggia sopra una panchina
Fin quando non avrà il suo posto al sole,
tutto quanto questo mondo sarà prigione
Condannato a morte
Condannato a vita
Condannato a morte per la vita
Condannato a morte
Condannato a vita
Condannato a morte per la vita
Che silenzio che c'è qui intorno
Che paura che c'è nel mondo

* "Amore nel pomeriggio", Columbia, 2001

Pena di morte, fucilato con quattro proiettili nel cuore

Ronnie Lee Gardner, 49 anni, il condannato a morte che nello Utah ha preferito il plotone d'esecuzione all'iniezione letale, è stato dichiarato morto a mezzanotte e 20 ora locale, le 08:20 italiane, dopo che i cinque membri del plotone d'esecuzione - uno dei quali aveva il fucile caricato a salve - gli hanno sparato quattro proiettili nel cuore. Lo ha dichiarato Steve Gehrke, portavoce del dipartimento carcerario dello Stato Usa. L'esecuzione è avvenuta nella prigione statale di Draper, alle porte del capoluogo dello Utah, Salt Lake City. Gardner ha consumato un ultimo pasto con bistecca, coda di aragosta, torta di mele, gelato alla vaniglia e 7Up.

Condannato a morte per aver ucciso due persone nel 1985, si essersi visto negare alcuni giorni fa la grazia dal Board of Pardons and Parole dello Utah e ieri dal governatore, Gary Herbert, la sospensione dell' esecuzione, che è stata approvata infine dal procuratore generale dello stato, Mark Shurtleff. Verso mezzogiorno Gardner stato legato con delle cinghie a una sedia di metallo, incappucciato e sul suo cuore è stato piazzato un bersaglio.

Poi il plotone d'esecuzione ha fatto fuoco all'unisono con i fucili Winchester caricati con una cartuccia calibro .30 da caccia grossa ciascuno. Un membro del plotone, scelto a caso e a sua insaputa, aveva il fucile caricato a salve: una consuetudine fatta per lasciare a tutti i membri del plotone il dubbio di essere stati realmente responsabili dell'uccisione. Lo Utah è uno degli stati che offre la fucilazione come opzione alternativa all'iniezione letale, e Gardner l'aveva scelta lo scorso 23 aprile. L'ultimo fucilato era morto 14 anni prima. Gardner uccise prima un barista durante un litigio e poi, dopo

188

alcuni mesi, un magistrato, Michael Burdell, durante un tentativo di evasione dall'aula del processo. I familiari di quest'ultimo, che era contrario alla pena capitale, si sono opposti all'esecuzione di Gardner

http://www.ilsecoloxix.it/p/mondo/2010/06/18/AMokaGnD-quattro_fucilato_proiettili.shtml

Lettera di un condannato a morte...

«*Ormai è arrivato il mio momento.*
"Qualcuno" ha deciso che non devo più vivere in questo
mondo perché sono un criminale pericoloso, come io, anni fa,
imbottito di droga e alcol, decisi per delle vite innocenti.
Se questo "qualcuno" può stabilire che un uomo disgraziato
come me deve vivere o morire, spero che quel momento arrivi
presto.
Lo so! È giusto pagare per i reati commessi, l'ho capito solo
negli ultimi anni trascorsi nel Braccio della Morte. Sappiate
che quando il sonno eterno è alle porte, nella mente scorre
tutta la vita percorsa e si mettono sulla bilancia le azioni
buone e quelle malvagie. Oggi sono sinceramente pentito della
mia condotta e chiedo solo il perdono delle famiglie a cui ho
strappato brutalmente l'amore.
Domani attraverserò il corridoio che mi porterà nella sala
dove tutti i miei rimorsi e le mie pene troveranno una mano
pronta ad accoglierli e dove un pubblico dietro la vetrata
assisterà allo spettacolo.
Un sorriso mi segna il viso ormai solcato da efferate violenze
dell'anima: finalmente la pace e la fine di questa mia
fottutissima vita, sono vicine».

Viviana Cosentino

CONCLUSIONE

"La libertà è se stessa nella misura in cui realizza la verità sul bene. Solo allora essa medesima è un bene. Se la libertà cessa di essere collegata con la verità e comincia a renderla dipendente da sé, pone le premesse di conseguenze morali dannose, le cui dimensioni sono a volte incalcolabili. In questo caso l'abuso della libertà provoca una reazione che prende la forma di questo o di quel sistema totalitario. Anche questa è una delle forme di corruzione della libertà di cui abbiamo sperimentato le conseguenze nel XX secolo, e non soltanto in esso"[171].

Dal 1764 anno della pubblicazione di *Dei delitti e delle pene*, l'Europa e il mondo intero sono stati messi a dura prova da un'ideologia del male, radicata nelle convinzioni di non pochi individui che ebbero il funesto onere di decidere della vita e della morte di migliaia di esseri umani.

Pensiamo sia al genocidio armeno e successivamente al dramma della Seconda guerra mondiale, con gli orrori dei lager

---

[171] K. Wojtyla, *Memoria e identità*, cit., p.57.

nazisti che Hitler importò proprio dal modello applicato da Stalin.

Una pena di morte concordata da gruppi non isolati di persone che agivano in tal modo perché nel mondo non si poteva immaginare pienamente quanto accadeva; o se lo si sapeva si fingeva di non conoscerne i dettagli.

"Per lungo tempo l'Occidente non volle credere allo sterminio degli Ebrei. Solo in seguito questo venne pienamente alla luce. Neppure in Polonia si sapeva tutto su quanto i nazisti avevano fatto e facevano ai Polacchi, né su quanto i Sovietici avevano fatto agli ufficiali polacchi a Katyń, e le stesse vicende tristissime delle deportazioni erano conosciute solo in parte"[172].

Ma quello che mi meraviglia è proprio il passato storico dell'Europa, che dopo l'incessante impegno per il riconoscimento della libertà, della fratellanza e uguaglianza - pensiamo all'Illuminismo -, fu di nuovo messa in ginocchio da un sistema ideologico tendente all'autodistruzione[173].

---

[172] Ivi, p.26.
[173] Cfr. C. Turcke, *Violenza e tabù*, Garzanti, 1991, pp. 36-38.

La Chiesa cattolica di Pio XII[174] per motivi esclusivamente diplomatici non volle denunciare ciò che stava accadendo con atti ufficiali come ad esempio la scomunica agli appartenenti al partito nazionalpopolare tedesco.

Pio XII[175] temeva una ripercussione sull'equilibrio politico dei cattolici tedeschi, e quindi in un certo qual modo decise di

---

[174] A differenza del suo successore Pio XI il 14 marzo del 1937 promulgò l'enciclica *Mit Brennender Sorge* con l'intento proprio di rispondere al nazismo hitleriano che aveva disatteso le promesse fatte al papa qualche anno prima di concedere il suo personale appoggio al Terzo Reich. Come si può ben leggere nella suddetta enciclica: "*Solamente spiriti superficiali possono cadere nell'errore di parlare di un Dio nazionale, di una religione nazionale, e intraprendere il folle tentativo di imprigionare nei limiti di un solo popolo, nella ristrettezza etnica di una sola razza, Dio, Creatore del mondo*". Più avanti Pio XI paragonerà il nazismo tedesco ad un "provocante neopaganesimo". Nel riferimento sopra citato si può scorgere un velato ma diretto attacco alla persecuzione ebraica; cosa di certo non preponderante ma un passo in avanti rispetto all'inefficacia voluta o non voluta dal silenzio di Pio XII anni dopo. Sulla morte improvvisa di papa Achille Ratti ci sono diversi aneddoti tra cui quello più famoso che vide il pontefice vittima di un assassinio preparato e voluto da Mussolini, stanco delle troppe critiche del papa al regime. Il medico di Pio XI era il padre di Claretta Petacci amante del duce. Pare che infatti la morte del pontefice sia avvenuta prima di approvare e pubblicare un' enciclica contro tutto l'operato del nazismo tedesco. Si ribadisce che queste sono voci che non potranno mai essere effettivamente confutate.

[175] Nel 50 anniversario della morte di Pio XII la chiesa Cattolica ha cercato in ogni modo di riesumare presunte verità storiche che

scendere a compromessi con l'ideologia del male che imperversava in Europa e nella dittatura mussoliniana in Italia[176].

Basti pensare che: *"nessuno ha saputo spiegare quando e perché Pacelli abbia rimosso lo stato di attivo antinazismo per congelarsi nella politica del silenzio[...] Un prete del dissenso, Ernesto Buonaiuti, per esempio, è tra coloro che accusano Pacelli [...] sostiene infatti che la politica del silenzio non è*

---

scagionerebbero il già servo di Dio Pacelli dal tacito silenzio sui lager nazisti. Questo premuroso interessamento del papa Emerito Benedetto XVI significava, forse, la paura di ritrovarsi ulteriormente compromesso con una faccenda storica molto ingombrante. Le voci dovevono essere messe a tacere prima che Pacelli venisse dichiarato santo! Ebbene sul quotidiano cattolico l'*Avvenire* del 09/10/2008 si leggeva nell'articolo firmato da Giovanni Grasso a pag. 3 alcune osservazioni di un certo storico, Roberto Morozzo che ha detto: *"anche la croce rossa internazionale scelse la via di non denunciare pubblicamente gli orrori del nazismo per conservare l'operatività umanitaria. Né i grandi leader mondiali, Churchill, Roosvelt o Stalin fecero di più di Pio XII"*. Bisognerebbe ricordare forse a questo storico che i capi di stato esteri da lui citati non si richiamavano al dogma dell'infallibilità né tanto meno si proclamavono vicari di Cristo in terra. Pertanto papa Pio XII utilizzando questa sorta di prudenza diplomatica ha sottaciuto agli stermini di massa. Non servirà farlo prima o poi santo perché queste colpe non verranno mai cancellate.

[176] Cfr. J. Cornwell, *Il Papa di Hitler. La storia segreta di Pio XII*, Garzanti, 2000; G. Miccoli, *I dilemmi e i silenzi di Pio XII*, Rizzoli, 2000

stata determinata dalla strutturale violenza del regime nazista-
e quindi dal timore della rappresaglia – ma che si tratti di una
scelta perseguita nel tempo con lucida determinazione"[177].

Si deve inoltre pensare che il supporto elargito al nazifascismo
- così come racconta appassionatamente Oriana Fallaci - : "*gli*
venne fornito dalle debolezze della democrazia, dalla cecità o
dall'imbecillità degli uomini politici, dal cinismo dei governi
europei. In Italia le Camice Nere randellavano, gestivano la
dittatura, e l'Europa zitta. In Germania le Camice Brune e le
SS facevan lo stesso, e l'Europa zitta [...] A Berlino Hitler
istituiva i Tribunali Speciali, emanava le leggi razziali,
costruiva campi di concentramento ad Auschwitz e a Dachau,
spingeva i suoi sogni di espansionismo alla Polonia, e
l'Europa zitta. O condiscendente. Zitto anche il Vaticano, del
resto. Zitto anche Pio XII, con le sue arie da monarca. Non per
nulla in quegli anni la Chiesa Cattolica benedisse più
gargliadetti di quante sigarette io abbia fumato nella mia
vita"[178]. Il silenzio di Pio XII sicuramente non fu adottato nel
tempo da nessun altro suo successore. Il cardinale Jorge Mario

---

[177] E. Nassi, *Pio XII e il comunismo. La sindrome Rossa*, Giunti,
1999, pp. 42-43.
[178] O. Fallaci, *Oriana Fallaci intervista Oriana Fallaci*, Rizzoli
International, 2004, pp. 30-31.

Bergoglio sostenne infatti che: *"La Shoah è un genocidio come tanti altri del XX secolo, ma ha una peculiarità. Con questo non intendo dire che si tratti di un genocidio di rilevanza primaria e che gli altri passino in secondo piano, ma sicuramente rivela una particolarità: la costruzione di un'idolatria contro il popolo ebraico. La razza pura e il superuomo sono gli idoli sui quali è stato edificato il nazismo. Non si tratta solo di un problema geopolitico, c'è anche una questione religioso-culturale. Ogni ebreo ucciso fu uno schiaffo al Dio vivente in nome degli idoli. Poco tempo fa – con molta fatica, perché mi ripugnava – ho letto un libro introdotto da Primo Levi e intitolato Comandante ad Auschwitz. L'autore è Rudolf Höss, ex comandante dell'omonimo campo di sterminio che, una volta imprigionato, decise di scrivere le sue memorie. (...) Nel libro di cui parlavo poco fa ho scoperto cose terribili. Quando agli ebrei venivano cavati i denti e tagliati i capelli, si arrivava all'estremo di affidare questi compiti ad altri ebrei. Li portavano all'apostasia. Era un modo per traferire su di loro la colpa. Un dettaglio diabolico: la colpa in quel modo non era più dei nazisti, ma degli stessi ebrei. È davvero impressionante la sottigliezza, l'infinito odio che si nasconde dietro tutto ciò"*[179]. Il rabbino Abraham Skorka, nel libro che scrissero insieme nel 2010, fece diverse domande a Bergoglio riguardo il silenzio della Chiesa e in particolare su Pio XII. Skorka affermò: *"Non capisco le ragioni teologiche che hanno portato alla beatificazione di Pio XII. Come leader della Chiesa, non lo discuto, può essere stato molto importante. Il mio grande dubbio a livello religioso è come abbia potuto tacere nel momento in cui si venne a sapere della Shoah. Perché non gridò la sua collera ai quattro venti? Un profeta, di fronte al più infimo dei drammi inveisce"*. Naturalmente Bergoglio non poteva sostenere che papa Pacelli era stato un vigliacco ma arrivò ad una giusta considerazione: *"Quello che lei dice sugli archivi della Shoah mi sembra giustissimo. È giusto che si aprano gli archivi e si chiarisca tutto. Che si scopra se si sarebbe potuto fare qualcosa e fino a che punto. E se abbiamo sbagliato in qualcosa dovremo dire: «Abbiamo sbagliato in questo». Non dobbiamo avere paura di farlo. L'obiettivo deve essere la verità. Se iniziamo a occultare la verità neghiamo la*

---

[179] J. Bergoglio, A. Skorka, *Il cielo e la terra*, cit., pp. 163-164.

Bibbia. (...) Bisogna conoscere la verità e aprire quegli archivi (...) Insisto, bisognerebbe leggere cosa c'è scritto in quegli archivi. Capire se si trattò di un errore di visione o cosa accadde realmente. Non sono in possesso di dati concreti. Finora le argomentazioni che ho sentito a favore di Pio XII mi sono sembrate forti, ma devo ammettere che non sono stati esaminati tutti gli archivi"[180].

Dopo tali orrori gli europei capirono che non poteva essere data più la possibilità ad un solo uomo di decidere della vita o della morte del singolo.

Proprio per tale motivo seguirono i primi dibattiti per l'abrogazione della pena di morte nelle proprie costituzioni.

Lunghe discussioni accompagnarono i primi atti ufficiali che denunciavano abusi di potere così devastanti per la società e per il valore attribuito alla giustizia.

Una giustizia invocata a gran voce dall'uomo che subisce un torto e che spesso paga lo scotto dell'onestà.

Ne sa qualcosa H. von Kleist[181] che diede vita a *Michael Kohlhaas,* personaggio principale della sua opera omonima.

---

[180] Ibidem, p. 166, 168.
[181] H.von Kleist, *Michael Kohlhaas*

Kohlhaas non accettò i soprusi del signore di turno e decise di ricorrere alla giustizia per essere risarcito della perdita.

La giustizia ufficiale non lo aiutò ed egli fu costretto a farsi giustizia da solo.

Infine il nostro eroe sarà giustiziato per un crimine non commesso e come Socrate - passatemi il paragone - per il profondo rispetto verso le leggi accetterà la sentenza dei giudici.

Questo in parte ci fa riflettere su come la giustizia stessa possa risentire dell'inequivocabile esperienza umana della fallibilità.

Ed è proprio da questa mancata consapevolezza di fallibilità che alcuni stati si arrogano il diritto di punire con la morte un presunto colpevole.

Il loro motto sembra essere "meglio un colpevole innocente preso subito che un reo confesso dopo".

Per quanto appaiono irriverenti e scandalose queste mie considerazioni personali, non si può negare che quanto detto non corrisponda al vero.

Non dimenticherò di certo il 29 novembre 2004 quando ebbi l'onore di assistere alla conferenza di Nick Yarris, scampato dal braccio della morte in cui era stato detenuto per ventitre anni.

Anche lui, come in alcuni casi da me analizzati nel terzo capitolo, si proclamò innocente sin dal primo momento e sin da subito volle sottoporsi al test del Dna.

Dopo varie negazioni ed occultazioni di prove Yarris poté dimostrare la propria innocenza.

Rimesso in libertà senza soldi, lavoro e un posto dove abitare, Yarris decise di girare il mondo per testimoniare che la pena di morte non è un fattore "folcloristico" come qualcuno sostiene della tradizione americana; ma una terribile verità che non trova modo di scomparire.

Qualcuno in quella sede chiese a Nick Yarris come si poteva combattere la pena di morte.

Be'! La risposta non tardò ad arrivare. Yarris disse subito che il modo migliore per manifestare contro la pena di morte è boicottare le merci prodotte e importate dai paesi che non hanno abolito questo truce esempio di inciviltà.

Ma come si può ben capire, gli affari sono affari e nessun paese è disposto a rinunciare agli enormi profitti che si traggono dalla economia mondiale ed europea.

Per quanto mi resi subito conto della verità che contenevano le affermazioni di Yarris, capii subito che gli Stati europei non sarebbero stati pronti a rinunciare ai soldi per difendere l'inviolabilità della vita umana.

Credo altresì che un modo efficace per eliminare la pena di morte nelle democrazie liberali come l'America, può giungere anche dalla Chiesa cattolica[182].

Poiché : "*se la Chiesa non avesse la pretesa di parlare di tutto e per tutti, cesserebbe di essere universale. La novità non sembra risiedere, dunque, nell'invadenza, ma nell'efficacia e nella risonanza pubblica del discorso vaticano*"[183]. Pertanto è meglio sfruttare il proprio consenso e riscontro pubblico per una buona e giusta causa.

Difatti fino ad oggi nessun pontefice si è espresso in maniera chiara ed ufficiale - a parte qualche posizione personale di Giovanni Paolo II[184] e papa Francesco - sulla disumana applicazione della pena di morte.

---

[182] Il Cristianesimo fonda proprio le sue radici sull'insegnamento e la testimonianza di Gesù che venne condannato a morte dalla legge iniqua degli uomini tramite crocifissione. Proprio perché Gesù stesso fu vittima della pena di morte mi sembra alquanto assurdo che la cristianità universale non si accorga della disumanità di tale metodo punitivo; ma che anzi paradossalmente, nei fatti, ne avalli l'esistenza giustificandola.

[183] Anonimo, *Contro Ratzinger,* cit., p. 24.

[184] Dall'intervista che suor Helen Prejean ha rilasciato al giornalista Lorenzo Fazzini sull'*Avvenire* del 18/11/2008 apprendiamo: "*Ma*

Una pratica che è in conflitto con il credo cristiano tanto professato dagli USA.

Da frequentatore assiduo degli States, posso testimoniarvi dell'enorme fede manifestata dagli americani[185], che è persino racchiusa in un principio che contrasta inevitabilmente con il "vangelo della vita".

---

ancora poco conosciuto è il ruolo del pontefice polacco (Giovanni Paolo II n.d.r.) nel «far deviare il corso del fiume» - sono parole della Prejean – rispetto alla liceità della pena di morte. Fu lui a far modificare (nel 1997) l'articolo 2266 del Catechismo della Chiesa cattolica con cui praticamente si escludeva la moralità del ricorso alla sanzione estrema contro un colpevole. «La legittima autorità pubblica ha il diritto e il dovere di infliggere pene proporzionate alla gravità del delitto», si legge nel Catechismo modificato nel '97. Lo stesso articolo, prima di tale revisione, aggiungeva: «Senza escludere, in casi di estrema gravità, la pena di morte». Dietro a tale cambiamento ci sarebbe anche lo "zampino" di suor Hellen: «Il 22 gennaio scrissi una lettera a Giovanni Paolo II: "Il suo intervento sulla pena di morte nella Evangelium Vitae è giunto come fresca brezza a rincuorarci. [...] Spero ardentemente che arrivi il giorno in cui l'opposizione cattolica nei confronti delle esecuzioni imposte dallo Stato diventerà decisa e unanime». Il nodo, spiega suor Helen ad Avvenire, era proprio quell'inciso « in casi di estrema necessità»: «Al Papa scrissi: "Santità, non ci può essere nessun caso di necessità né alcuna eccezione per giustificare le esecuzioni".»". Sul finire dell'articolo Lorenzo Fazzini scrive che la Helen incontrò il 29 gennaio di quell'anno il card. Ratzinger che promise un cambiamento nel catechismo che verrà reso effettivo l'8 settembre 1997.

[185] Nella moneta da un dollaro vi è scritto «In God we trust».

Ma se una democrazia non riesce a liberarsi dalle scorie vendicative della natura umana, non potrà mai garantire pace e rispetto agli uomini.

"La democrazia disciplinata e illuminata è la più bella cosa del mondo. Una democrazia piena di pregiudizi, ignorante e superstiziosa piomberà nel caos e potrà autodistruggersi"[186].

Affinché questo non accada più non bisognerà mai e poi mai rimuovere dalla coscienza il nostro passato.

Poiché un uomo senza memoria è un uomo già morto.

Per tutta la vita porterò con me lo sguardo di Yarris - che è risorto dalle ceneri come l'araba fenice - e soprattutto le immagini atroci del campo di sterminio di Auschwitz che personalmente visitai.

Questo mi farà ricordare chi sono, perché saprò sempre chi sono stato e chi sarò.

"L'uomo non è semplicemente soggetto al corso degli eventi, non si limita ad agire e a comportarsi in un certo modo come singolo e come appartenente ad un gruppo, ma ha anche la capacità di riflettere sulla propria storia e di oggettivarla raccontandola nel suo concatenato dipanarsi"[187].

---

[186] Gandhi, *Aforismi e pensieri*, cit., p.76.
[187] K. Wojtyla, *Memoria e identità*, cit., p.93.

La storia pertanto ci insegna che noi non siamo la somma dei nostri fallimenti e insuccessi; ma una realtà storica che vive e si tramanda da uomo a uomo per il bene stesso della società.

Proprio per tale motivo è bene fermarsi a riflettere sul fatto che una giustizia senza verità, è una giustizia senza valore.

Perché ciò non accada sarà bene adoperarsi affinché la legislatura incancrenita da assurdi sistemi di prevaricazione sociale venga ricondotta sul proprio cammino; ed il pensiero espresso con forza da Cesare Beccaria sul valore della legge trovi finalmente concreta applicazione.

Nota dell'Autore

Quando era ancora cardinale Jorge Mario Bergoglio sostenne che: *"Se uno mi ha fatto del male, io devo perdonarlo, ma questa persona riceverà davvero il perdono solo se si pentirà e riparerà al danno inflitto. Non si può dire: «Ti perdono e facciamo finta che non sia successo niente». Come sarebbe andato a finire il processo di Norimberga, se si fosse adottato questo atteggiamento con i gerarchi nazisti? La riparazione è stata la condanna a morte per molti di loro, mentre per altri il carcere. Intendiamoci: non sono a favore della pena di morte, ma era la legge del momento ed è stata la riparazione che la società ha preteso seguendo la giurisprudenza allora in vigore"*[188]. Le parole di Francesco oggi fanno riflettere molto. Proprio mentre mi accingevo a chiudere questa nuova edizione dell'opera è giunta la notizia della morte in Siria del giornalista americano James Foley ferocemente decapitato dai Jihadisti dell'Isis. Non è stato possibile rimanere impassibili davanti alle immagini di questo scempio. Tiziano Terzani affermava che: *"I kamikaze mi interessano perché vorrei capire cosa li rende*

---

[188] *Papa Francesco. Il nuovo papa si racconta. Conversazione con Sergio Rubin e Francesca Ambrogetti*, cit., p. 133.

così disposti a quell'innaturale atto che è il suicidio e cosa potrebbe fermarli. (...) Non si tratta di giustificare, di condonare, ma di capire. Capire, perché io sono convinto che il problema del terrorismo non si risolverà uccidendo i terroristi, ma eliminando le ragioni che li rendono tali"[189]. Capire è lecito, perché non si possono spiegare simili atti da un punto di vista della ragione. Mio nonno paterno diceva che: *"L'ignoranza fa più danni della bomba atomica"* e in effetti è proprio così. Dove c'è ignoranza si generano mostri, proprio come il disegno di Goya. Si preferisce tenere il popolo nell'incapacità di comprendere autonomamente, gestirlo, e ammaestrarlo per educarlo a compiere azioni che nessun essere umano dotato di buon senso e senso pratico accetterebbe mai di eseguire. Ma devo ammettere che su tale questione sono molto combattuto. Come Tiziano Terzani sono profondamente convinto che non è con la morte che sconfiggeremo i terroristi, e come papa Francesco non sono favorevole alla pena capitale. Ma senza il pentimento, la richiesta sincera di perdono è difficile graziare chi ha commesso un atto così disumano. Davanti alle ultimi immagini di Foley non posso non chiedermi

---

[189] T. Terzani, *Lettere contro la guerra*, Tea, Milano 2004, p. 42.

guardando negli occhi il suo aguzzino mascherato se costui può ancora considerarsi un essere umano. Se non è forse il caso di declassarlo a subuomo, ad altra specie e quindi passibile di condanna o vendetta. Non travisatemi, ma un uomo che scanna come un maiale in un mattatoio un suo simile per mandare un messaggio ad uno Stato che si ritiene nemico non può essere classificato come essere umano. Stessa motivazione che non mi fa inorridire davanti alle sentenza di Norimberga. In quel caso l' espiazione per i nazisti è stata la morte. Non ho mai visto un terrorista implorare perdono, cosa che invece, si è verificato durante le esecuzioni capitali di assassini che arrivavano alla forca contriti e umanamente ravveduti. Così come Foley non posso dimenticare l'uccisione analoga del pacifista Nick Berg, l'ingegnere Paul Johnson, Daniel Pearl, il sudcoreano Kim Sun e tanti altri nomi uccisi in altri modi barbari e vili come il nostro connazionale Fabrizio Quattrocchi. Molti di loro sono stati scannati come si fa con le bestie da macello da aguzzini subumani che esultano e mostrano in camera la testa delle loro vittime o i loro corpi crivellati di colpi. Al momento non ci sono notizie certe per quanto riguarda l'aguzzino di Foley, ma sembra che il suo boia sia proprio un occidentale, con uno spiccato accento inglese convertitosi alla causa del terrorismo. In tal caso appare ancora più inspiegabile la sua brutalità.

Forse come sostengono le filosofie e religioni orientali prima o poi questi soggetti pagheranno per le colpe commesse perché il male ritorna indietro come un boomerang, ma davanti a simili atrocità non so più quali considerazioni addurre e dunque mi astengo. Come ho scritto nell'introduzione non sono contrario alla pena di morte perché ritengo che non esistono esseri umani che se la meriterebbero, ma uno Stato democratico deve essere al di sopra delle passioni umane.

Sono profondamente convinto che nessuna guerra può generare la pace e: *"ogni conflitto ha le sue cause, e queste vanno affrontate. Ma tutto sarà inutile finché gli uni non accetteranno l'esistenza degli altri ed il loro essere uguali, finché noi non accetteremo che la violenza conduce solo ad altra violenza. (...) Diciamo quello che pensiamo, quello che sentiamo essere vero: ammazzare è in ogni circostanza un assassinio. [...] Ancor più che fuori, le cause della guerra sono dentro di noi. Sono in passioni come il desiderio, la paura, l'insicurezza, l'ingordigia, l'orgoglio, la vanità"*.[190] E ancora: *"Solo se*

[190] T. Terzani, *Lettere contro la guerra*, cit., pp. 179 – 180.

riusciremo a guardare l'universo come un tutt'uno in cui ogni parte riflette la totalità e in cui la grande bellezza sta nella diversità cominceremo a capire chi siamo e dove stiamo"[191]. Infine: *"La vera comprensione è quella che va al di là della ragione e che si fonda sull'istinto, sul cuore. (La fine è il mio inizio, Longanesi, 2006).*

---

[191] Ivi

Ringraziamenti

Desidero ringraziare Giuliana, Francesco, Viviana, Giampiera e Giovanna. Ringrazio la mia famiglia per essermi sempre e in ogni momento vicino. Infine desidero ringraziare tutti gli autori del passato e presente che con le loro opere mi hanno stimolato, insegnato e incoraggiato a difendere i diritti inalienabili della persona umana.

Cenni biografici

Cristian Porcino, scrittore, filosofo e critico letterario, ha pubblicato i seguenti libri: "Diabolus. Seminario di Letteratura Busiana" (2006), "Pensieri sparsi su Dio, Ratzinger e la Chiesa" (2007), "I Cantautori e la Filosofia da Battiato a Zero" (2008), "Tributo a Michael Jackson" (2009), "La Chiesa è nuda" (2010), "Sulla pena di morte. Da Beccaria ad oggi" (2010). Nel 2011 ha pubblicato: "Sono nato troppo tardi per un mondo troppo vecchio", "Michael Jackson un uomo oltre lo specchio", "Karol Wojtyła il filosofo di Dio", "La solitudine non va mai in vacanza". Nel 2012 ha pubblicato "Domenico Sputo. La favola di Lucio Dalla", "Io chi?" e "Dawson's Creek. Analisi di un telefilm cult". Nel 2013 ha pubblicato il romanzo: "Incubi e Deliri a Lavatown", "Distinti e Distanti" e "6 canzoni contro l'omofobia e la violenza sulle donne". Nel 2014 ha pubblicato "Chiedi di lui. Viaggio nell'universo musicale di Renato Zero" scritto con Daniela Tuscano, e la nuova edizione del romanzo "Un'altra vita".

Bibliografia

AA. VV, Riformatori lombardi, piemontesi e toscani, a cura di F. Venturi, Editore Ricciardi, Milano – Napoli, 1958

C. **Beccaria,** Dei delitti e delle pene, Tascabili economici Newton, Roma 1994

J. **Bergoglio**, A. **Skorka**, Il cielo e la terra, Mondadori, Milano 2013

A. **Camus**, Riflessioni sulla pena di morte, Ed. Se, Milano 1993

T. **Capote**, A sangue freddo, Garzanti, Milano 1991

P. **Cavara**, Il diritto di uccidere nella Rivoluzione dei diritti, Rubbettino, Soneria Mannelli 1998

J. **Cornwell**, Il Papa di Hitler. La storia segreta di Pio XII, Garzanti, 2000

A. **Chiricosta**, Filosofia interculturale e valori asiatici, O barra O Edizioni, Milano 2013

De Sade, Eugènie De Franval, Ed. Se, Milano 1986

R. **Descartes**, Discorso sul metodo, Editori Laterza, Roma - Bari 1998

F. **Del Noce**, Non Uccidere, Arnoldo Mondadori Editore, Milano 1995

J. **Dewey**, Democrazia ed educazione, La Nuova Italia, Firenze 2000

U. **Eco**, Dalla Periferia dell'Impero, Tascabili Bompiani, Milano 2003

O. **Fallaci**, La rabbia e l'orgoglio, Rizzoli, Milano 2001

O. **Fallaci**, Oriana Fallaci intervista Oriana Fallaci, Rizzoli International, Milano 2004

O. **Fallaci**, Intervista con la storia, Rizzoli, Milano 1974

Gandhi, Aforismi e pensieri, Tascabili economici Newton, Roma 1995

T. **Gatto Chanu**, Le streghe, Newton & Compton, Roma 2000

K. **Gibran**, Il Profeta, trad. ital di Hafez Haidar, Piemme, Casale Monferrato (AL), 2002

Giovanni XXIII, Pacem in terris,

G. Paolo II, Evangelium Vitae, Libreria Editrice Vaticana 1995

A. **Haley**, Radici, Rizzoli, Milano 1977

A. **Heller**, Etica generale, Il Mulino, Bologna, 1994

T. **Hobbes**, Il pensiero politico, Edizioni Canova,Treviso 1980

R. **Hood**, S. **Kovalev**, L'abolizione della pena di morte in Europa, Ed.Sapere 2000, Roma 1999

V. **Hugo**, L'ultimo giorno di un condannato a morte, Tascabili economici Newton, Roma 1993

V. **Hugo**, I miserabili, Newton & Compton, Roma 2004

J. **Huizinga**, La crisi della civiltà, Giulio Einaudi editore, 1963

I. **Kant**, Il principio della moralità, Casa editrice Giuseppe Principato, Milano - Messina 1966

M. **Lanzillo**, Tolleranza, Il Mulino, Bologna 2001

R. **Levine**, S. **Musgrove**, Prisoners of Age, Ed. Origami, New York 2005

B. **Lewis**, Il linguaggio politico dell'Islam, Editori Laterza, 2005

M.G. **Maglie**, Vendetta di Stato, Ed. Marsilio 1996

A. **Manzoni**, Storia della colonna infame, Tascabili Bompiani, Milano 1985

A. **Marchesi**, L. **Giovanelli**, R. **Noury**, Un errore capitale, Il dibattito sulla pena di morte (rapporto Amnesty International), Edizioni cultura della pace, San Domenico di Fiesole 1999

I. **Mereu**, La pena di morte a Milano nel secolo di Beccaria, Neri Pozza editore, Vicenza 1998

G. G. **Merlo**, Inquisitori e Inquisizione del Medioevo, Il Mulino, Bologna 2008

J.S. **Mill**, Sulla libertà, Bompiani, Milano 2000

G. **Miccoli**, I dilemmi e i silenzi di Pio XII, Rizzoli, 2000

M. **Montaigne**, Dizionario della saggezza, Tascabili economici Newton, Roma 1994

W. **Monter**, Riti, mitologia e magia in Europa all'inizio dell'età moderna, Il Mulino, 1988

E. **Nassi**, Pio XII e il comunismo. La sindrome Rossa, Giunti, 1999

E. **Peyretti**, Dialoghi con Norberto Bobbio su politica, fede, nonviolenza, Claudiana, Torino 2011

E. A. **Poe**, Racconti, Bur, Milano 1980

C. **Porcino**, Diabolus. Seminario di Letteratura Busiana, Kimerik Edizioni, Patti (ME) 2006

C. **Porcino**, Pensieri sparsi su Dio, Ratzinger e la chiesa, Il Rovescio Editore, Roma 2007

C. **Porcino**, La Chiesa è nuda, Lulu Edition, 2012

C. **Porcino**, 6 canzoni contro l'omofobia e la violenza sulle donne, Lulu Edition, 2013

H. **Prejean**, Dead man walking, Bompiani, Milano 1999

Pio XI, Mit Brennender Sorge, Libreria Editrice Vaticana, 1937

J. **Rousseau**, Discorso sulle scienze e sulle arti, Laterza, Bari 1971

J. **Rousseau**, Il contratto sociale, Scritti politici Vol. II, Laterza, Bari 1971

S. **Rubin**, F. **Ambrogetti**, Papa Francesco. Il nuovo papa si racconta. Conversazione con Sergio Rubin e Francesca Ambrogetti, Salani, Milano 2013

F. **Savater**, Politica per un figlio, Editori Laterza, Bari 2001

E. **Scalfari**, Alla ricerca della morale perduta, Rizzoli, Milano 1995

R. **Schena**, Pio XII santo?, Edizioni Libreria Croce, Roma 2009

Stendhal, Cronache Italiane, Newton Compton Editori, Roma 1993

L. **Tibaldo**, Sotto un cielo stellato, Claudiana, Torino 2008

C. **Turcke**, Violenza e tabù, Garzanti 1991

S. **Turow**, Punizione Suprema. Una riflessione sulla pena di morte, Piccola biblioteca Oscar Mondadori, Milano 2005

J. **Vernette**, Maghi e stregoni - il mondo dell'occulto e il discernimento cristiano, Ed. San Paolo 1998

P. **Verri**, Osservazioni sulla tortura, Tascabili economici Newton, Roma 1994

O. **Wilde**, La Ballata del carcere di Reading, Edizioni Libreria Croce, Roma 2012

K. **Wojtyla**, Persona e atto, Bompiani, Milano 2001

K. **Wojtyla**, Memoria e Identità, Rizzoli, Milano 2005

Rassegna Stampa

"Il tema del libro sembra più adatto a un uomo di legge o a un politico. Porcino, invece, lo legge con piglio filosofico – giornalistico che ha tutta la freschezza di un dialogo con le massime autorità del pensiero, senza mai cadere nell'aggressività del talk – show. Porcino sa essere acutamente popolare, senza mai cadere nel populismo. Sa riflettere su un tema piuttosto trito come quello della pena di morte, accendendo il fanale dell'etica, senza scivolare nel vizio diffuso che è quello della sua volgare spettacolarizzazione (...) Questo libro ha il merito di essere critico, senza essere di parte. Facile sarebbe cadere nella demagogia sia di destra che di sinistra. Ma Porcino evita questa trappola, facendoci riflettere, senza mai farci arrabbiare. È il dono dei buoni libri, un invito a fare a meno degli stereotipi televisivi che servono solo ad accrescere il carisma di un leader". Riccardo Di Salvo - Claudio Marchese (Scrittori)

"L'autore, attraverso la lettura e la disamina di documenti famosi che trattano il tema inerente la pena di morte, vuole rimettere sul tappeto la questione, per tentare di risvegliare l'interesse sull'abolizione della pena capitale che vige ancora in molti paesi. Non siamo ancora sulla buona strada per raggiungere quest'obiettivo; ma è oltremodo positivo che qualcuno, come il nostro autore, ogni tanto faccia il tentativo di riaccendere il discorso su una tematica così umana e di così alto valore sociale e civile". Salvatore Scalisi (Scrittore)

"L'opera di Cristian Porcino presenta una vivacità narrativa e una certa originalità nell'affrontare il tema della pena di morte".
Marianna V. (lettrice)

"L'argomentazione sul tema è ben impostata ed espressa in maniera divulgativa, scorrevole e accattivante, pur mantenendo le motivazioni, la ricchezza di riferimenti e la profondità concettuale del saggio, e con dati importanti e ragionamenti che vengono messi in risalto con arguzia. Si tratta di un libro sicuramente valido, per l'ampiezza dell'analisi, delle riflessioni e della forza argomentativa, per la forma letteraria, non legata solo a gerghi e linguaggi specialistici, per la profondità e la chiarezza della tesi espressa." Tebaldo O. (Lettore)

Sommario

"Sulla pena di morte. Da Beccaria ad oggi" di Cristian Porcino © 2014

www.ingramcontent.com/pod-product-compliance
Lightning Source LLC
Chambersburg PA
CBHW060457290526
45791CB00001B/163